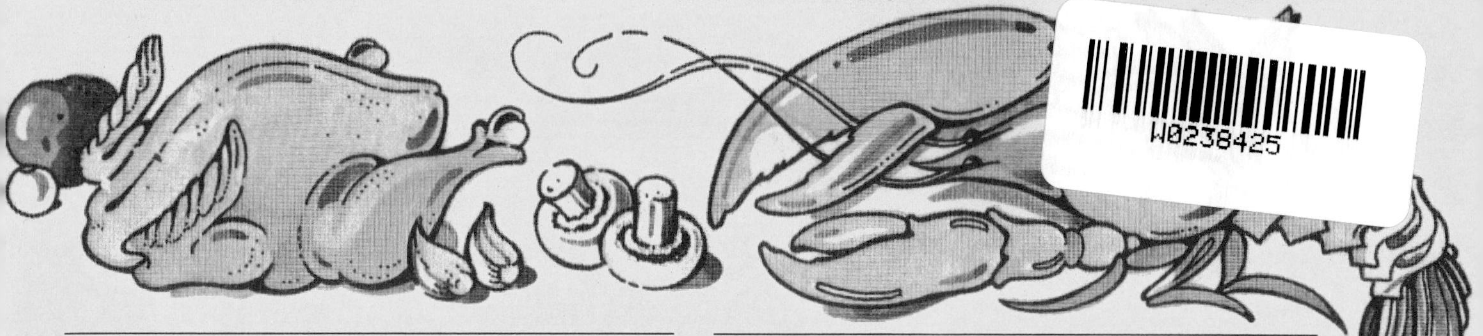

	kJ	**kcal**	E	F	KH	B
Honigmelone	221	**53**	0,6	0,1	12,4	1,2
Johannisbeeren, rot	154	**36**	1,1	0,2	5,7	4,1
Johannisbeeren, schwarz	191	**45**	1,3	0,2	7,0	6,8
Kakifrucht	294	**69**	0,6	0,3	16,5	1,4
Kirschen, süß	243	**57**	0,9	0,4	11,8	1,9
Kiwi	195	**46**	1,0	0,6	8,0	3,6
Lychees	316	**74**	0,9	0,2	16,8	0,1
Mandarinen	195	**46**	0,7	0,3	10,1	–
Mango	239	**56**	0,5	0,3	12,8	1,7
Mirabellen	269	**63**	0,7	0,2	14,0	1,3
Orange, mittelgroß = 150 g	270	**65**	1,5	0,3	12,4	3,3
Pfirsich, mittelgroß = 150 g	242	**58**	1,4	0,2	12,3	2,3
Pflaumen, frisch	216	**51**	0,6	0,2	10,7	1,7
Reineclauden	239	**56**	0,8	–	12,3	–
Stachelbeeren	193	**45**	0,8	0,2	9,0	3,0
Wassermelone	149	**35**	0,6	0,2	7,7	0,2
Weintrauben	286	**67**	0,7	0,3	15,0	1,6
Zitrone, 1 Stück = 80 g	225	**54**	0,6	0,5	2,6	0,2

Fleisch

(jeweils 150 g Rohgewicht, wenn nicht anders angegeben)

Kalb:

	kJ	**kcal**	E	F	KH	B
Brust	820	**196**	31,5	7,2	–	–
Filet	596	**142**	30,9	2,1	–	–
Haxe	615	**147**	31,3	2,4	–	–
Keule (Schlegel)	609	**145**	31,0	2,6	–	–
Kotelett	703	**168**	31,6	4,6	–	–
Schnitzel	621	**148**	31,0	2,7	–	–
Schulter	678	**162**	30,7	4,3	–	–

Lamm:

	kJ	**kcal**	E	F	KH	B
Brust	2391	**571**	18,0	55,5	–	–
Keule (Schlegel)	1468	**351**	27,0	27,0	–	–
Kotelett	2185	**522**	22,3	48,0	–	–
Rücken	1715	**410**	30,6	17,7	–	–
Schulter	1802	**430**	23,4	37,5	–	–

Rind:

	kJ	**kcal**	E	F	KH	B
Blume	1481	**354**	26,1	27,7	–	–
Braten, mager	766	**184**	31,3	6,1	–	–
Brust	1594	**381**	24,0	31,6	–	–
Bug (Schulter)	870	**208**	31,2	9,3	–	–
Filet (Steak)	728	**174**	28,8	6,6	–	–
Hochrippe (dicke Rippe)	1400	**334**	27,9	24,7	–	–
Keule (Rouladen)	929	**222**	31,5	10,6	–	–
Lende (Roastbeef)	1092	**261**	30,9	15,3	–	–
Ochsenschwanz (100 g)	770	**184**	20,1	11,5	–	–
Tatar (100 g)	494	**118**	21,2	3,6	–	–

Wild, Geflügel:
(jeweils 100 g Rohgewicht)

	kJ	**kcal**	E	F	KH	B
Ente	961	**227**	18,1	17,2	–	–
Fasan	573	**137**	17,3	2,6	–	–
Gans	1445	**342**	15,7	31,0	–	–
Hähnchen	563	**133**	20,6	5,6	–	–
Hase	481	**113**	21,6	3,0	–	–
Hirschkeule	476	**112**	20,6	3,3	–	–
Kaninchen	634	**152**	20,8	7,6	–	–
Rehkeule	407	**97**	21,4	1,3	–	–
Suppenhuhn	1075	**257**	18,5	20,3	–	–
Truthahn (Puter)	962	**230**	20,5	15,0	–	–
Wildgeflügel, i. D.	452	**108**	17,2	3,1	–	–
Wildschweinkeule	473	**113**	26,7	2,3	–	–

Fisch

(jeweils 200 g Rohgewicht ohne Haut und Gräten = 1 Portion)

	kJ	**kcal**	E	F	KH	B
Aal (Flußaal)	2372	**562**	30,0	49,0	–	–
Barsch	677	**162**	36,8	1,6	–	–
Felchen (Renke)	837	**200**	35,6	6,4	–	–
Flunder	603	**144**	33,0	1,4	–	–
Forelle	853	**204**	39,0	5,4	–	–
Hecht	686	**164**	36,8	1,8	–	–
Heilbutt	858	**202**	40,2	4,6	–	–
Hering	1707	**408**	33,6	30,4	–	–
Kabeljau (Dorsch)	619	**148**	35,4	0,8	–	–
Karpfen	962	**230**	36,0	9,6	–	–
Lachs	1690	**404**	39,8	27,2	–	–
Makrele	1522	**364**	37,4	23,8	–	–
Rotbarsch (Goldbarsch)	878	**210**	36,4	7,2	–	–
Schellfisch	616	**146**	35,8	0,2	–	–
Scholle	642	**152**	34,2	1,6	–	–
Seelachs (Köhler)	684	**160**	36,6	1,6	–	–
Seezunge	702	**166**	35,0	2,8	–	–
Steinbutt	686	**164**	33,4	3,4	–	–
Tintenfisch	616	**146**	32,2	1,8	–	–
Zander	706	**166**	38,4	1,4	–	–

Krusten- und Schalentiere

(jeweils 100 g ausgelöstes Fleisch)

	kJ	**kcal**	E	F	KH	B
Garnelen	369	**87**	18,6	1,4	–	–
Hummer	343	**82**	15,9	1,9	–	–
Miesmuscheln	216	**51**	9,8	1,3	–	–
Scampi	335	**79**	17,2	1,1	–	–
Shrimps	310	**74**	16,9	2,8	–	–

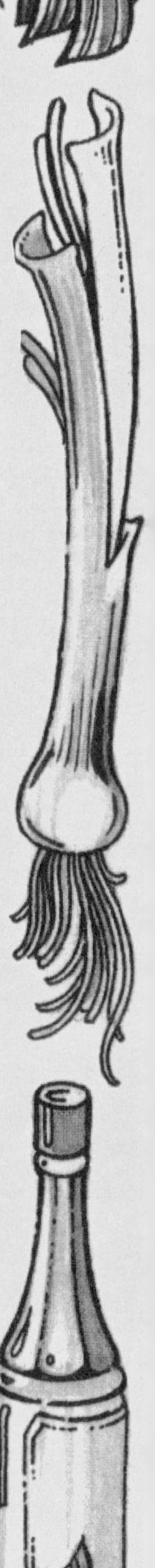

burda

KOCHBUCH K 216

1
2
3
4
5
6
7
8
9
0
A/B

Schnell und leicht kochen mit Mikrowelle

Das aktuelle burda-Kochbuch mit über 150 Rezepten, bei denen auch die Freunde der Vollwertkost viel Neues finden. Sämtliche Gerichte sind im burda-Kochstudio ausprobiert und mehrfach getestet. Außerdem jede Menge Tips und Ratschläge, damit alles gelingt und köstlich schmeckt

Sie ist die Nummer eins unter den Haushaltsgeräten: die Mikrowelle! Rund fünfzehn Prozent aller deutschen Haushalte haben die „schnelle Welle" in der Küche. Und die Fachgeschäfte melden weiter steigende Verkaufszahlen. Das kommt nicht von ungefähr! Denn es gibt gute Gründe, die für die Mikrowelle sprechen: sie arbeitet zeit- und energiesparend, sie schont Vitamine und Mineralstoffe, die Speisen sehen – im Vergleich zum Kochtopf – frischer und appetitlicher aus. Tiefgekühltes taut schneller auf, vorgekochte Gerichte werden im Handumdrehen wieder warm ohne nennenswerte Nährstoffverluste. – Auftauen, garen, wärmen, wer glaubt, daß dies alles ist, was die Mikrowelle kann, der kennt sie nicht! So ist zum Beispiel Fisch oder Zartgemüse aus der Mikrowelle besonders delikat, Schmorfleisch wird ungewöhnlich zart, mit Mehl oder Speisestärke gebundene Soßen klumpen nicht und mit Eigelb Legiertes flockt nicht aus. Probieren Sie's am besten selbst aus! Rezepte gibt es genug in diesem Buch: von Snacks über Suppen, Fisch- und Fleischgerichte sowie Aufläufe und Vollwertkost bis hin zu traumhaften Kuchen und Desserts. Daß alles gelingt, dafür garantiert unser burda-Kochstudio, wo wir für Sie gekocht, getestet und probiert haben. Die Erfahrungen, die wir dabei machten, geben wir mit den Rezepten an Sie weiter. Und wer über die Mikrowelle selbst noch mehr erfahren möchte: Wir informieren über ihre Einsatzmöglichkeiten, das richtige Geschirr und vieles andere, was das Kochen und Backen mit der Mikrowelle zum schnellen schmackhaften Vergnügen werden läßt.

INHALT

Kochen mit dem Mikrowellengerät 6
Das richtige Geschirr 8
Was das Mikrowellengerät kann . 10
Snacks und kleine Vorspeisen . 12
Delikate Suppen, herzhafte Eintöpfe 26
Feines aus Fluß und Meer: Fisch 36
Fleisch von seiner besten Seite . 46
Gemüse und andere Beilagen . 62
Aufläufe und Gratins 78
Desserts, mal warm und auch mal kalt 92
Kuchen, süß oder pikant 100
Vollwertgerichte, vielseitig und raffiniert 108
Wissenswertes rund um die Mikrowelle 122
Umrechnungstabelle für die verschiedenen Geräte, Tabellen für das Auftauen und Erwärmen 128
Saisonkalender für Obst und Gemüse 130
Kräuter-Lexikon 132
Gewürz-Lexikon 134
Kräuter und Gewürze – was paßt wozu? 136
Rezeptregister 138

Abkürzungen

Eßl.	=	Eßlöffel
Teel.	=	Teelöffel
gestr.	=	gestrichen
Msp.	=	Messerspitze
l	=	Liter
cl	=	Zentiliter
kg	=	Kilogramm
g	=	Gramm
Pckg.	=	Packung
kJ	=	Kilojoule
kcal	=	Kilokalorie
TK	=	Tiefkühl
°	=	Grad

Kochen mit der schnellen Welle

Da steht es nun in der Küche, nagelneu und blitzblank: das Mikrowellengerät. Oft war das vorrangige Kaufmotiv: damit können Speisen schnell und mühelos aufgetaut und erwärmt werden. Richtig, das kann die Mikrowelle, aber sie kann noch viel, viel mehr...

Was immer Sie über das Kochen auf der Herdplatte oder das Braten und Backen im Ofen wissen, bei der Mikrowelle ist alles ein bißchen anders. Damit Sie Ihr Mikrowellengerät so vielseitig einsetzen können, wie es den Fähigkeiten der schnellen Wellen entspricht, sollten Sie gründlich über einige Besonderheiten informiert sein.

Wie funktioniert ein Mikrowellengerät?

Während bei herkömmlichen Garmethoden dem Gargut von außen Hitze zugeführt wird, erzeugen die Mikrowellen die Hitze im Inneren des Garguts. Diese Wellen werden von einem sogenannten Magnetron erzeugt, das elektrischen Strom in elektromagnetische Wellen umwandelt. Mit Hilfe einer eingebauten Drehantenne werden diese Wellen in den Garraum eingeleitet und dort vom Gargut absorbiert, also aufgesogen. Innerhalb des Garguts bewirken die hochfrequenten Wellen, daß die Moleküle, die kleinsten Speiseteilchen, in Bewegung geraten und durch Reibung die zum Garen notwendige Wärme erzeugen. Die Frequenz, das heißt die Schwingungszahl aller Wellen wird in Megahertz (1 MHz = 1 Million Schwingungen pro Sekunde) gemessen. Bei Mikrowellen in Haushaltsgeräten beträgt sie weltweit 2450 MHz, wodurch Wellen von 12,25 cm Länge erzeugt werden. Für den Menschen unter Umständen gefährliche Wellen, wie zum Beispiel die Röntgenstrahlen, haben viel höhere Frequenzen. Der manchmal zu hörende Einwand, Mikrowellengeräte könnten gefährlich sein, trifft demnach nicht zu. Außerdem sind alle Geräte so konstruiert, daß die Wellen nicht nach außen dringen können. Sobald die Tür des Geräts geöffnet wird, schaltet sich das Magnetron sofort ab. Auch die Türdichtungen sind aufgrund strengster, vom Gesetzgeber vorgegebener Sicherheitsprüfungen so hervorragend, daß man erst nach 100 000stem Öffnen mit Materialermüdung rechnen muß, also nach einer Zeit, die vermutlich die Lebensdauer eines Mikrowellengeräts weit übersteigt.

Vor- und Nachteile der Mikrowelle

Beim Garen auf der Herdplatte oder im Backofen wird die Wärme von außen mittels Kochtopf, Back- oder Bratgeschirr und unter Einbeziehung von Fett oder Wasser an das Gargut herangebracht. Die Wärme breitet sich aus und dringt langsam von außen nach innen. Dazu ist verhältnismäßig viel Energie notwendig in Form von Strom, Gas oder der Verbrennung von Kohle. Bei der Mikrowelle wird der Garprozeß umgekehrt, da die Wellen direkt auf das Innere des Garguts treffen und von innen nach außen wirken. Das bedeutet bei richtigem Einsatz des Geräts eine wesentliche Energieersparnis.
Hinzukommt, daß in der Mikrowelle nichts anbrennen kann. Diesem Vorteil steht aber gegenüber, daß – außer mit Hilfe von speziellem Geschirr – keine Bräunung erzielt werden kann, da sich keine Röststoffe bilden können. Zu beachten ist auch, daß Tellergerichte mit gebundenen Soßen stets abgedeckt werden müssen, da andernfalls die Soße am Tellerrand austrocknet.
Vor dem Kauf eines Mikrowellengeräts muß daran gedacht werden, daß Mikrowellen Metall nicht durchdringen können, vielmehr werden sie durch Metall oder auch metallische Teile oder Dekore am Gargeschirr zurückgeworfen. Für eine optimale Ausnutzung der kurzen Wellen braucht man also spezielles Geschirr, das von den Wellen ohne Widerstand durchdrungen werden kann (siehe Seite 8).
Je größer die Menge des Garguts, umso höher sind Zeit- und Energieaufwand. Wenn die Wellen beispielsweise in ein Stück Fleisch eindringen müssen, verlieren sie schon nach etwa 2 cm Tiefe 50 Prozent ihrer Leistungsfähigkeit. Deshalb sollten große Braten immer in einem Bräunungsgeschirr gegart werden und zwar nicht nur, um eine Krustenbildung zu erzielen, sondern auch weil dieses Material die Wellen besser leitet.
Generell gilt: Bei großen Portionen öfter umrühren, das Gargut wenden oder das Gargeschirr um die eigene Achse drehen.
Bei doppelter Menge Gargut ist die doppelte Garzeit, bei halber Menge die halbe Garzeit erforderlich.

Das Mikrowellengerät als Einzelgerät?

Wenn es sich um ein ausschließlich mit Mikrowellen arbeitendes Gerät handelt, kann es weder Herdplatte noch Backofen ersetzen. Es kann nur als – allerdings sehr sinnvolles – Zusatzgerät genutzt werden.
Anders ist es bei den Kombinationsgeräten, die sowohl mit Mikrowellen als auch mit Ober- und Unterhitze, Umluft, Grill und Umluftgrill ausgestattet sind und bei denen verschiedene Funktionen gleichzeitig genutzt werden können. Hier kann auf den Backofen, nicht aber auf die Kochplatte verzichtet werden.

Ausstattung und Leistungsstufen des Mikrowellengeräts

Ausstattung, Leistungsstufen und Funktionssymbole sind bei den einzelnen Geräteherstellern unterschiedlich. Lediglich die Leistungsmessung, die Wattangabe, wird seit 1990 nach internationaler Norm gemessen. Die Höchstleistung der Geräte beträgt 850 Watt. Alle Rezepte in diesem Buch wurden in dem Moulinex-Gerät „Micro-Chef" mit einer Höchstleistung von 750 Watt getestet. Um Ihnen die Umrechnung der Garzeiten für die verschiedenen Mikrowellengeräte zu erleichtern, haben wir bei unseren Rezepten die Wattleistung in Prozenten angegeben, das heißt 100 Prozent entsprechen einer Leistung von 750 Watt. Auf Seite 124 finden Sie eine Umrechnungstabelle für die entsprechend kürzere Garzeit bei höherer Wattleistung oder längere Garzeit bei niedrigerer Wattleistung.
Mikrowellengeräte werden mit verschiedenen Maximalleistungen angeboten, meistens von 550 beziehungsweise 500 Watt bis höchstens 850 beziehungsweise 750 Watt. Teilweise sind die Geräte mit Stufenschaltern (von 2 bis 7 Stufen, je nach Hersteller) ausgestattet, teilweise auch mit stufenloser Einstellung von 10 bis 100 Prozent. Oder die einzelnen Leistungsstufen werden durch Symbole gekennzeichnet. Grundsätzlich kann man davon ausgehen, daß die jeweils niedrigere Leistungsstufe 50 Prozent der Wattleistung der darüberliegenden ausmacht.
Die Rezepte in diesem Buch sind ausschließlich für reine Mikrowellengeräte konzipiert. Kombinationsgeräte wurden nicht berücksichtigt. Wenn Sie sich für Ihren Single- oder Zwei-Personen-Haushalt zum Kauf eines Geräts entschließen, sollten Sie sich aber auf jeden Fall über diese Kombinationsgeräte informieren. Gerade für den Kleinhaushalt bieten sie eine Menge Vorteile: Sie sind mit Ober- und Unterhitze, Umluft, Grill und Umluftgrill ausgestattet, zu denen je nach Bedarf die zeit- und energiesparende Mikrowelle zugeschaltet werden kann.
Bei Fleisch, Gebäck und allen Gerichten, die gebräunt werden sollen, können Sie dann auf Bräunungsgeschirr (siehe Seite 9) verzichten. Wenn Sie die Rezepte dieses Buches zubereiten wollen, schalten Sie einfach nur auf Mikrowelle. Wollen Sie sie im Kombiverfahren nachkochen, geben Ihnen die Herstelleranweisungen die notwendigen Informationen. Am besten ist es, sich zu Beginn eigene Tabellen zu erstellen.

Wahl der Leistungsstufen

Symbol	Leistungsstufe Funktion	%-Wert	Mikrowellen-Leistung ca.		
			600 Watt	750 Watt	850 Watt
	volle Leistung Garen, Erhitzen	100	600	750	850
	Garen empfindlicher Speisen	70	420	525	595
	Schnelles Auftauen kleiner Portionen, Garen, Erhitzen, Fortkochen	50	300	375	425
	Langsames Auftauen, Warmhalten, Erhitzen empfindlicher Speisen	20	120	150	170
	Warmhalten, Erhitzen empfindlicher Speisen	10	60	75	85

Quelle: Moulinex

Das richtige Geschirr für die Mikrowelle

Für das Mikrowellengerät sind alle Geschirrarten geeignet, die die Mikrowellen gut durch das Material hindurch lassen, also Glas, Porzellan, Keramik, Steingut und Kunststoff. Ebenso dringen die Wellen durch Pappe und Papier. Kochgeschirr aus Metall aller Art und aus Porzellan mit metallhaltigem Dekor kann dagegen nicht verwendet werden. Metallhaltige Dekore können zu Funkenbildung führen, durch die das Dekor leidet.
Wenn Sie Ihren Haushalt beim Kauf eines Mikrowellengeräts nicht gleich mit speziellem Mikrowellengeschirr ausstatten möchten, können Sie auch bereits vorhandenes nichtmetallisches Koch- und Serviergeschirr verwenden. Dieses sollten Sie aber vor dem ersten Gebrauch testen, denn einige Glas- und Keramikarten sowie bestimmte Werkstoffe haben Metalloxydeinschlüsse, die einen Teil der Wellen absorbieren, wodurch sich das Geschirr stark erhitzt, teilweise sogar stärker als das Gargut. Dadurch verlängern sich die Garzeiten und der Energieverbrauch steigt.
Um zu wissen, ob Ihr vorhandenes Geschirr mikrowellengeeignet ist, erhitzen Sie ein Geschirrteil ohne Inhalt auf stärkster Stufe des Mikrowellengeräts (bei 100 Prozent) etwa 30 Sekunden. Erwärmt es sich nur schwach oder bleibt sogar kalt, kann es ohne weiteres verwendet werden. Wird es dagegen heiß, ist es für die Mikrowelle ungeeignet.
Bei lasiertem Keramikgeschirr ist es wichtig, daß die Glasur unbeschädigt ist. Weist sie auch nur allerfeinste Haarrisse auf, kann sich darin beim Spülen Feuchtigkeit festsetzen, die sich während des Garens sehr stark erwärmt und das Geschirr zerspringen läßt.
Sollten Sie sich aber für den Kauf von neuem Geschirr entschließen, dann lassen Sie sich unbedingt im Fachhandel beraten und achten Sie auf den Herstellerhinweis „mikrowellengeeignet".

Keramik- und Steingutgeschirr

Geschirre aus Keramik oder Steingut (Foto unten) sind vor allem dann von Vorteil, wenn in dem gleichen Geschirr gegart und serviert werden soll. Denn diese Materialien erwärmen sich selber auch mehr oder weniger. Beim Servieren entzieht das Gefäß den Speisen keine Wärme, sondern wirkt wie eine Wärmeisolierung. Bei Tassen und Bechern ist dies allerdings ein unerwünschter Effekt, denn unter Umständen kann man sich am Rand die Lippen verbrennen. Auch sollte man die Gefäße – selbst wenn sie einen Griff haben – besser mit dem Topflappen anfassen, da sich einige aufgrund einer speziellen Materialzusammensetzung sehr stark erhitzen.
Wichtig ist, daß dieses Geschirr keine oder nur kleine unglasierte Flächen hat, da sich diese mit Feuchtigkeit vollsaugen können.
Wenn Sie Ihren **Tontopf** oder den **Römertopf** verwenden wollen, dann brauchen Sie ihn vorher nicht zu wässern, auch wenn Sie Fleisch oder Gemüse ohne oder nur mit wenig Flüssigkeit garen.

1

2

3

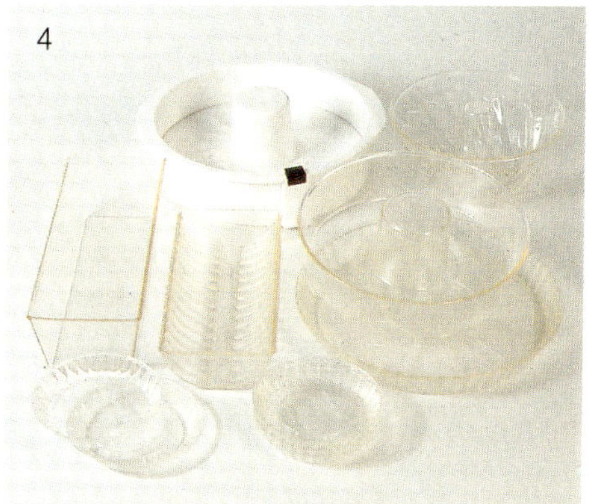

4

1. *Mit speziellem Bräunungsgeschirr, wie zum Beispiel den Knuspertöpfen, kann eine leichte Krustenbildung erzielt werden.*

2. *In Glas- oder Glaskeramikgeschirr kann der Garprozeß besonders gut beobachtet werden.*

3. *Für die Mikrowelle sollten nur hocherhitzbare Kunststoffgeschirre Verwendung finden.*

4. *Der Fachhandel bietet ein umfangreiches Sortiment hochwertiger Kunststoff-Backformen für die Mikrowelle an.*

Glas, Vitro- und Glaskeramik

Diese drei Materialien sind besonders gut zur Verwendung im Mikrowellengerät geeignet, da die Strahlen sie sehr leicht durchdringen können. Außerdem kann man bei Glas und Glaskeramik den Garvorgang gut beobachten. Vorsicht ist jedoch bei sehr feinem oder geschliffenem Kristallglas geboten. Unter Umständen verträgt es die „Abwärme" des Garguts nicht und zerspringt.

Porzellan

Es ist grundsätzlich geeignet, sofern es **keine metallhaltigen Dekore** hat. Porzellan erwärmt sich durch die Kontaktwärme der Speisen besonders stark. Selbst wenn Sie nur ein Tellergericht aufwärmen, sollten Sie die Topflappen parat haben.

Kunststoffe

Geschirr aus Kunststoff ist dann von großem Vorteil, wenn man Speisen im gleichen Gefäß einfrieren und wieder auftauen will. Zu beachten ist aber, daß das Material vom Hersteller sowohl als **gefrier- wie auch mikrowellengeeignet** deklariert sein muß.
Auch der Hinweis **„spülmaschinenfest"** läßt auf dickwandiges, hitzebeständiges Material schließen. Einfache Kunststoffe, die zwar kälteresistent jedoch nicht hitzebeständig sind, verformen sich durch die Hitze des Garguts. Einfache Frischhalteboxen oder dünnwandige Gefrierbehälter sind daher ungeeignet.
Zum Auftauen oder Erwärmen sollten Kunststoffe bis zu 95 Grad Celsius hitzebeständig sein. Zum Garen sind jedoch höhere Temperaturen notwendig. Der Fachhandel bietet hierfür ein reichhaltiges Sortiment von Kunststoffgeschirren an, die bis zu 140, 180 oder gar 250 Grad Celsius hitzebeständig sind.

Zu den Kunststoffen sind auch die **hocherhitzbaren Mikrowellenfolien** zu zählen, die vor allem dann gerne verwendet werden, wenn zu einem Gefäß kein passender Deckel vorhanden ist. Wenn die Folie keine dampfregulierenden Micro-Poren hat, sollten Sie sie, nachdem Sie die Folie fest über das Gargefäß gezogen haben, einige Male mit einer Gabel einstechen, damit der Dampf beim Garen entweichen kann.
Bratfolien und -beutel können ebenfalls im Mikrowellengerät eingesetzt werden. Sie dürfen allerdings nicht mit Metallklipsen, sondern nur mit Gummiringen oder Klebebändern verschlossen werden.

Bräunungsgeschirr

Hierbei handelt es sich um speziell für die Mikrowelle entwickelte Keramiktöpfe, die durch eine besondere Materialzusammensetzung beziehungsweise Spezialglasur an der Bodeninnenseite einen dem Braten vergleichbaren Effekt erzielen. Über die richtige Handhabung informieren die Herstellerhinweise, die unbedingt beachtet werden sollten. Die Töpfe können außerdem – meist vorgewässert – wie Backofengeschirr eingesetzt werden.

Papier und Pappe

Beide Materialien kommen vor allem bei Fertiggerichten zur Anwendung. Für ein optimales Garen sind die Herstellerhinweise auf den Packungen zu beachten. Vorsicht ist jedoch bei sogenannten Isoliertüten geboten, in denen zum Beispiel fertige Hähnchen oder andere fertige Fleischspeisen verpackt werden. Viele dieser Tüten haben zwischen Innen- und Außentüte eine Aluschicht. Legt man diese Tüte in die Mikrowelle, wirft die Folie die Strahlen zurück und das Papier fängt an zu brennen.

Mikrowellenkochen: So gelingt's ganz bestimmt

So unterschiedlich Lebensmittel sind, so verschieden reagieren sie auch auf die „schnellen Wellen". Wissenswertes über das richtige Auftauen, Erwärmen und Garen erfahren Sie hier

Alle Lebensmittel können mit Hilfe von Mikrowellen aufgetaut, erwärmt und gegart werden – vorausgesetzt, sie befinden sich im richtigen Geschirr. Die unterschiedliche Zusammensetzung und Struktur der Lebensmittel bewirkt jedoch, daß sie sich mehr oder weniger schnell erwärmen, wobei natürlich auch die Ausgangstemperatur eine Rolle spielt. Besonders rasch wirken Mikrowellen auf Wasser oder wasserhaltige Gewebe und Fett. Darum werden Gemüse, aber auch fette Fleisch- und Fischsorten schneller gar als mageres Muskelfleisch. Aufgrund dieser Tatsachen können die in den Rezepten dieses Buches angegebenen Garzeiten trotz sorgfältigster Tests und Prüfungen auch nur als Richtwerte gelten. Bei zartem Fisch, lockeren Aufläufen oder feinen Gemüsesorten sollten Sie darum die Garzeiten vorsichtshalber etwas unterschreiten, dann eine Garprobe machen und das Gericht eventuell nachgaren lassen. Bei der Mikrowelle ist nicht allein wichtig, daß die Lebensmittel rasch garen, sondern daß ihnen auch genügend Zeit bleibt, um Temperaturschwankungen innerhalb des Gewebes auszugleichen, daß heißt nur so kann beispielsweise Fleisch zart werden, anderenfalls wird es zäh und verliert auch an Geschmack.

Auftauen in der Mikrowelle

Sowohl das Einfrieren wie das Auftauen sollten so rasch wie möglich vor sich gehen, weil dadurch die Zellstruktur weitgehend geschont und Nährstoffverluste vermieden werden können.

Gemüse: Das Gemüse in die Servierschale füllen und pro Portion einen Eßlöffel Wasser zufügen. Die Schale mit einem umgestülpten Teller abdecken oder mit Mikrowellenfolie überziehen. Bei Auftaustufe oder 10 Prozent auftauen.
Bei Gemüse muß berücksichtigt werden, daß der Auftauvorgang verhältnismäßig lange dauert, weil die Eisschicht leicht isolierend wirkt und die Energieaufnahme verzögert. Ist das Eis jedoch geschmolzen, erhöht sich die Energieaufnahme sprunghaft. Um ein gleichmäßiges Auftauen zu ermöglichen, muß das Gemüse häufig umgerührt werden. Das Gemüse dann bei 100 Prozent zu Ende garen und erst zum Schluß mit Butter und Kräutern verfeinern und würzen.
Obst: Beerenfrüchte und in Stücke oder Hälften geteiltes Kern- und Steinobst werden möglichst flach auf einem Teller oder in einer Schüssel ausgelegt. Man läßt es am besten bei 25 Prozent zugedeckt auftauen und einige Minuten bei Raumtemperatur nachtauen. Während des Auftauens ein- bis zweimal umrühren.
Fleisch: Selbsteingefrorenes Fleisch sollte man immer möglichst flach halten. Ideal sind Portionen, die 2 cm Höhe nicht überschreiten. Große Bratenstücke sind für die Mikrowelle nur bedingt zu empfehlen, weil die Gefahr besteht, daß die oberen Schichten schon garen beziehungsweise angetaut sind, während sich im Inneren noch ein Eiskern befindet. Zum Auftauen gibt man das Fleisch auf einem umgekehrten Teller in das Auftaugefäß. So kann der Fleischsaft ablaufen. Das Fleisch in der Mikrowelle nicht ganz auftauen, sondern noch 30 bis 45 Minuten bei Raumtemperatur stehen lassen. Flache Fleischstücke bei 25 bis 30 Prozent auftauen lassen, dann nach Rezept garen.
Bei ganzem Geflügel die empfindlichen Teile wie Keulen und Flügel mit Alufolie schützen. Die Folie nach der Hälfte der Auftauzeit entfernen. Geflügel ebenfalls bei Raumtemperatur noch einige Minuten stehen lassen.
Fisch: Flache Filets oder Tranchen bei 25 Prozent auftauen, dann trockentupfen und bei 100 Prozent, dem Rezept entsprechend, zu Ende garen. Außer Forellen werden ganze Fische selten eingefroren, aber auch sie sollten nach dem Auftauen abgetrocknet und dann erst gewürzt werden.
Das richtige Auftauen anderer Lebensmittel und industriellgefertigter TK-Produkte entnehmen Sie bitte den Hinweisen ab Seite 128.

Erwärmen in der Mikrowelle

Das rasche Erwärmen von Babykost oder von vorgekochten Gerichten für Familienmitglieder, die zu unterschiedlichen Zeiten eine warme Mahlzeit essen, ist für viele Familien der Anreiz zum Kauf eines Mikrowellengeräts. Dabei ist einiges zu beachten:

★ Geben Sie das Gericht stets auf den Teller oder in ein entsprechendes Serviergeschirr (siehe rechts, oberes Foto).

★ Die Speisen müssen immer abgedeckt sein, so erhitzen sie sich schneller und trocknen nicht aus (siehe rechts, unteres Foto). Hat das Geschirr keinen speziellen Deckel, können Sie einen umgedrehten Teller, Mikrowellenfolie oder auch einfach nur eine Lage Haushaltspapier verwenden.

★ Wie beim Auftauen oder Garen müssen größere Mengen ein- bis zweimal umgerührt werden, das gilt auch für gebundene Soßen.

★ Gemüse ohne Flüssigkeit oder Beilagen wie Reis und Nudeln mit etwas Wasser oder Weißwein beträufeln.

★ Bratenreste oder -scheiben am besten in etwas Soße erwärmen, Kochfleisch mit einigen Löffeln Brühe übergießen.

★ Panierte Speisen mit Öl einstreichen, unbedeckt erwärmen, einmal umwenden.

★ Bei vorgefertigter Babykost oder Fertigsoßen den Metalldeckel entfernen.

★ Getränke können in bis zu vier gleichgroßen Trinkgefäßen zusammen erwärmt oder erhitzt werden. Am besten geht das auf einem eingebauten Drehteller. Wenn Ihr Gerät mit einer Platte ausgestattet ist, stellen Sie die Gefäße in gleichmäßigem Abstand vom Rand und der Mitte darauf.

Garen in der Mikrowelle

Nicht nur – wie schon eingangs erwähnt – die Zusammensetzung der Speisen beeinflußt die Garzeiten, sondern auch die Ausgangstemperatur. Zutaten, die aus dem Kühlschrank kommen, brauchen stets etwas länger als solche mit Zimmertemperatur.
Die Garzeit wird außerdem durch die Menge bestimmt.

Als Faustregel kann gelten: Bei doppelter Menge doppelte Zeit, bei halber Menge halbe Zeit.
Das ist wichtig, wenn Sie Rezepte für 2 Personen auf 4 Personen oder umgekehrt solche für 4 Personen auf 2 Personen umrechnen wollen.

★ Je flacher eine Speise, umso schneller wird sie gar.

★ Bei geschichteten Speisen wie Gratins oder Aufläufe, immer für eine gleichmäßige Höhe der Oberfläche sorgen.

★ Üppige Mengen garen besser, wenn sie hin und wieder umgerührt werden.

★ Kartoffeln, Äpfel, Tomaten und ähnliches, was ungeschält gegart werden soll, muß immer angestochen werden, damit die Schalen während des Garvorgangs nicht platzen.

★ **Eier in der Schale können nicht in der Mikrowelle bereitet werden, sie platzen auf.**

★ Bei Geflügel, ganzen Fischen, Zungen und ähnlichen Lebensmitteln mit unterschiedlich hohen Teilen, stets die dünnen Teile im ersten Drittel oder sogar während der ersten Hälfte der Garzeit mit Alufolie abdecken oder umwickeln.

★ Je lockerer die Gewebestruktur, umso kürzer die Garzeit. Ein fester Braten braucht wesentlich länger als beispielsweise die gleiche Menge Hackbraten.

★ Größere Mengen kleiner Lebensmittel wie Kartoffeln, große Gemüsestücke, Frikadellen oder Hackbällchen immer kreisförmig mit genügend Zwischenraum anordnen. Unter Umständen das Gargeschirr ab und zu um 180 Grad drehen.

★ Bei Gulasch oder Ragouts mit gebräuntem Fleisch kann man entweder das Fleisch im vorgeheizten Bräunungsgeschirr oder auf dem Herd in Fett anbraten.

★ Bei großen Braten ist die Garprobe wichtig. Einige Mikrowellengeräte sind mit einem eingebauten Bratthermometer ausgestattet, das Ihnen diese Arbeit abnimmt. Ist das nicht der Fall, verfahren Sie wie gewohnt oder verwenden das übliche Bratthermometer, das aber nach der Probe wieder herausgezogen werden muß.

★ Sind in den Rezepten Von-bis-Zeiten angegeben, nehmen Sie immer zuerst die kürzere Zeit und machen Sie dann eine Garprobe.

★ Einige Gerichte müssen außerhalb der Mikrowelle noch etwas nachgaren. Beim Fleisch verteilen sich dabei die Säfte im Inneren des Stückes besser und laufen beim Anschneiden nicht aus. Bei Aufläufen, hohem Gebäck und ähnlichem verteilt sich die Wärme besser.

Die bei den Rezepten angegebene Gesamtgarzeit bezieht sich grundsätzlich nur auf die Zeit, in der das Gericht im eingeschalteten Gerät ist.

Snacks und kleine Vorspeisen

Raffiniert, vielseitig
und schnell zubereitet sind die
Gerichte für den kleinen
Hunger zwischendurch oder als
Appetitanreger für die
Genüsse danach

Rezept nächste Seite

Leber-Gemüse-Spießchen

4 Portionen
à ca. 930 kJ (220 kcal)

Geschirr: eine tiefe Servierplatte

250 g Kalbsleber,
75 g durchwachsener Speck, hauchdünn geschnitten,
8 kleine, weiße Champignons,
12 Kirschtomaten,
1 gelbe Paprikaschote,
1 mittelgroßer Zucchino,
2 Eßl. Sojasauce,
1 Eßl. Tomatenketchup,
1 Teel. Honig,
2 Eßl. trockener Sherry.

Kalbsleber kurz abspülen, trockentupfen und von Häuten und Sehnen befreien. Dann in Würfel von etwa 3 cm Kantenlänge schneiden und in Speckscheiben einwickeln.
Champignons putzen und in einem Tuch abreiben. Tomaten waschen und abtrocknen. Paprikaschote längs vierteln, von den Samensträngen befreien, waschen, abtropfen lassen und in Würfel schneiden. Den Zucchino von Blüten- und Stengelansatz befreien und in etwa 1 cm dicke Scheiben schneiden. Alle vorbereiteten Zutaten auf 8 Holzspieße stekken.
Sojasauce, Tomatenketchup, Honig und Sherry auf eine Servierplatte geben und bei 25 Prozent 2 Minuten erwärmen, dann durchrühren. Die Spieße einlegen, mit etwas Soße beträufeln und mit hitzebeständiger Folie überziehen. Bei 100 Prozent 8 Minuten braten, dabei einmal wenden.
Die Spießchen mit Baguette servieren.
Gesamtgarzeit: 10 Minuten.

Tomaten mit Ei-Schinken-Füllung

2 Portionen
à ca. 1415 kJ (335 kcal)

Geschirr: zwei Portionsschälchen

2 große Kugeltomaten,
Kräutermeersalz,
75 g gekochter Schinken ohne Fettrand,
1/2 Bund glatte Petersilie,
2 Eier,
1/4 Teel. Zitronensaft,
50 g Crème fraîche,
2 Eßl. Grahampaniermehl,
weißer Pfeffer aus der Mühle,
10 g Butter,
2 Eßl. trockener Weißwein.

Die Tomaten waschen und jeweils einen Deckel abschneiden. Die Tomaten mit einem Grapefruitlöffel aushöhlen, innen mit Kräutermeersalz bestreuen und ruhen lassen.
Den Schinken sehr fein würfeln. Die Petersilie abspülen, trockentupfen und hacken.
Die Eier trennen. Eiweiß mit Zitronensaft zu halbfestem Schnee schlagen. Eigelb mit Crème fraîche verrühren, mit Grahampaniermehl, Schinken und Petersilie vermischen. Mit Pfeffer und etwas Kräutermeersalz würzen. Zum Schluß den Eischnee vorsichtig unterheben.
Die Tomaten umdrehen und abtropfen lassen.
Ein Schälchen mit 5 g Butter einfetten und einen Eßlöffel Weißwein hineingeben. Eine Tomate in die Mitte setzen und mit der Hälfte der Farce füllen. Bei 100 Prozent 2 Minuten garen.
Nebenher die zweite Tomate vorbereiten. Die erste Tomate mit Alufolie bedeckt warm halten. Die zweite garen. Sofort servieren.
Gesamtgarzeit: 4 Minuten
Hinweis: Wollen Sie 4 Tomaten zubereiten, geben Sie diese zusammen in eine Schale, die Garzeit beträgt 3–4 Minuten.

Zucchini mit Roquefortfüllung

2 Portionen à ca. 2660 kJ (630 kcal)
Geschirr: eine ovale Auflaufform

- *2 dicke Zucchini von je etwa 250 g,*
- *Kräutermeersalz,*
- *½ Bund Dill,*
- *75 g Lachsschinken,*
- *125 g Roquefort,*
- *2 Eßl. Crème fraîche,*
- *schwarzer Pfeffer aus der Mühle,*
- *1 Schalotte,*
- *30 g Butter,*
- *6 Eßl. trockener Weißwein,*
- *6 Eßl. milde Fleischbrühe,*
- *1 Scheibe Toastbrot,*
- *2 Eßl. süße Sahne,*
- *1 Eßl. Kartoffelpüreepulver,*
- *geriebene Muskatnuß.*

Von den Zucchini Blüten- und Stengelansätze abschneiden und jede Frucht in drei gleichmäßige Stücke schneiden. Das Innere mit einem ganz kleinen Kugelausstecher herauslösen. Die Reste mit einem Grapefruitlöffel bis auf etwa 5 mm entfernen und hacken. Die Zucchinistücke innen mit Salz ausstreuen. Dill abspülen, trockentupfen und fein schneiden.

Lachsschinken ohne Fettrand fein würfeln. Roquefort mit einer Gabel zerdrücken, mit Crème fraîche vermengen und mit Dill und Schinken vermischen. Mit Pfeffer pikant würzen.

Schalotte schälen und fein würfeln.

Die Hälfte der Butter in der Form bei 100 Prozent in 1½ Minuten schmelzen. Schalottenwürfel und gehacktes Zucchiniinneres darin bei 100 Prozent in 2½ Minuten glasig werden lassen. Dann mit Wein und Brühe im Mixer pürieren und wieder in die Form geben.

Das Toastbrot entrinden, in kleine Würfelchen schneiden und in der restlichen Butter in einer Pfanne bei nicht zu starker Hitze rösten.

Die pürierte Zwiebel-Zucchini-Mischung mit Sahne und Kartoffelpüreepulver verrühren, mit Salz, Pfeffer und Muskatnuß pikant abschmecken. Die Zucchinistücke hineinsetzen und mit der Käsemischung füllen. Die Zucchinikugeln auch in die Form geben. Die Form mit Mikrowellenfolie überziehen und die Zucchinistücke bei 100 Prozent in 8–9 Minuten garen.

Je drei Stücke auf einem tiefen Teller anrichten und mit den gerösteten Brotwürfeln bestreuen. Sofort servieren.

Gesamtgarzeit: 12–13 Minuten.

Hinweis: Wer mag, kann die Zucchinikugeln ebenfalls in etwas Butter anbraten, statt sie in der Soße zu garen.

Variationen: Ebenso können Sie auch **gefüllte Gurken** zubereiten. Besonders gut eignen sich die kleinen, dicken Schmorgurken, da sie weniger wasserhaltig sind als Salatgurken. Wenn Sie aber doch Salatgurken verwenden wollen, achten Sie darauf, daß Sie möglicht kernlos sind. Kleine Salatgurken oder Minisalatgurken sollte man hingegen halbieren, mit einem Löffel die Kerne entfernen und die Füllung dann in die so entstandene Höhlung geben.

Sehr lecker sind auch **gefüllte Paprikaschoten**. Dazu die hellgelben Spitzschoten von unten her entkernen, dann abspülen und trockentupfen. Nach dem Füllen werden sie in den Sud gelegt. Sie brauchen etwa 8 Minuten bei 100 Prozent, bis sie gar sind. Reichen Sie pro Person mindestens 2 Schoten.

Möhrenflan mit Koriander

4 Portionen à ca. 550 kJ (130 kcal)
Geschirr: eine tiefe Schüssel, vier hohe Portionsförmchen, eine flache, runde Schale

350 g Möhren,
4 Schalotten,
½ Teel. Zucker,
1 Teel. gekörnte Fleischbrühe,
6 Eßl. Wasser,
2 Teel. Zitronensaft,
½ Teel. Korianderkörner,
2 Eier,
50 ml süße Sahne,
Salz,
weißer Pfeffer aus der Mühle,
Butter oder Margarine zum Einfetten.

Die Möhren schälen oder schaben und in mittelgroße Stücke schneiden. Zusammen mit geschälten, halbierten Schalotten, Zucker, Fleischbrühe, Wasser und Zitronensaft in die Schüssel geben. Mit Mikrowellenfolie überziehen und bei 100 Prozent in 5–6 Minuten weich werden lassen.
Nebenher den Koriander im Mörser zerstoßen. Die Eier trennen. Eiweiß mit einer Prise Salz zu schnittfestem Schnee schlagen.
Die Möhren mit dem Mixstab nicht zu fein pürieren. Eigelb mit der Sahne und dem Koriander verrühren und zusammen mit dem Eischnee unter das Möhrenpüree ziehen. Mit Salz und Pfeffer abschmecken.
Die Portionsförmchen ganz dünn mit Butter oder Margarine einfetten und die Masse hineingeben. Die Förmchen in die 1 cm hoch mit lauwarmem Wasser gefüllte Schale stellen und mit Haushaltspapier abdecken. Bei 50 Prozent 8 Minuten garen. Anschließend noch 2 Minuten ruhen lassen, dann vorsichtig stürzen.
Dazu hauchdünn geschnittenen, gekochten Schinken und mit einer Vinaigrette angemachten Feldsalat reichen.
Gesamtgarzeit: 13–14 Minuten.

Brokkoliflan

(ohne Abbildung)

4 Portionen à ca. 780 kJ (185 kcal)

Geschirr: eine hohe Schüssel, vier hohe Portionsförmchen, eine flache, runde Schale

300 g Brokkoli,
1 Teel. gekörnte Fleischbrühe,
2 Eßl. Wasser,
2 Eßl. trockener Weißwein,
75 g gekochter Schinken in 2 Scheiben,
2 Eier,
2 Eigelb,
2 Eßl. Crème fraîche,
Salz, geriebene Muskatnuß,
weißer Pfeffer aus der Mühle,
Butter oder Margarine zum Einfetten.

Brokkoli in Stiele und Röschen teilen. Röschen waschen und abtropfen lassen, Stiele schälen. 4 dekorative Röschen zur Seite legen. Die übrigen mit den Stielen, der Fleischbrühe, dem Wasser und Wein in die Schüssel geben. Mit Mikrowellenfolie überziehen und bei 100 Prozent in 3 Minuten weich werden lassen.
Den Schinken vom Fettrand befreien und sehr fein würfeln. Brokkoli mit dem Mixstab pürieren. Etwas abkühlen lassen, dann mit Eiern, Eigelb, Crème fraîche und dem Schinken vermischen. Mit Salz, Muskatnuß und Pfeffer abschmecken.
Die Förmchen dünn einfetten und die rohen Brokkoliröschen hineingeben. Die Flanmasse darüber verteilen und glattstreichen. Die Förmchen in die 1 cm hoch mit lauwarmem Wasser gefüllte Schale stellen und die Flans bei 50 Prozent in 5–6 Minuten garen.
2 Minuten ruhen lassen, dann stürzen.
Dazu schmeckt gut gekühlte Crème fraîche, die mit gehackten Kräutern vermischt wurde.
Gesamtgarzeit: 8–9 Minuten.

Gebackene Kartoffeln

4 Portionen à ca. 1455 kJ (345 kcal)
Geschirr: eine große, flache Schale

4 große vorwiegend festkochende Kartoffeln von je 175 g,
100 g Crème fraîche,
100 g Schichtkäse,
4–6 Eßlöffel Mineralwasser, mit Kohlensäure,
weißer Pfeffer aus der Mühle,
1 winzige Prise gemahlener Koriander,
100 g Kaviar.

Die Kartoffeln gründlich unter fließendem Wasser abbürsten und mit Haushaltspapier abtrocknen. Mit einer Gabel mehrmals einstechen.
Die Mikrowellenschale mit einem Stück Haushaltspapier auslegen und die Kartoffeln darauf sternförmig anrichten. Sie sollten aber in der Mitte sowohl von der gegenüber- wie auch der danebenliegenden Kartoffel mindestens 2,5 cm Abstand haben. Mit Haushaltspapier bedecken und bei 100 Prozent 12–14 Minuten garen. Dabei nach 6 Minuten einmal wenden.
Als Garprobe leicht mit einem Finger die Kartoffeln drücken, gibt die Kartoffel elastisch nach, ist sie gar, sonst jeweils weitere 30 Sekunden garen und erneut prüfen.
Die Kartoffeln in Alufolie einwickeln und mit einem mehrfach gefalteten Küchentuch bedeckt 5–10 Minuten nachgaren lassen.
Nebenher Crème fraîche und Schichtkäse mit dem Mineralwasser vermengen und schaumig rühren. Mit Pfeffer und Koriander würzen.
Die Kartoffeln auf Tellern anrichten, in der Mitte über Kreuz einschneiden und nach oben hin „aufbrechen". Die Sahne-Quark-Mischung hineingießen und mit je 25 g Kaviar krönen. Sofort servieren.
Dazu schmeckt ein Glas Champagner oder sehr guter trockener Sekt.
Gesamtgarzeit: 12–14 Minuten (ohne Zeit zum Nachgaren).
Hinweis: Am besten schmeckt zu gebackenen Kartoffeln natürlich echter Kaviar. Er ist aber leider sehr teuer. Sie können ihn durch den milden Keta-Kaviar vom Lachs oder feinen Forellenkaviar ersetzen. Beide sind erheblich preiswerter und von sehr gutem Geschmack. Nicht zu empfehlen ist deutscher Kaviar, der meist sehr salzig ist und die Creme schnell grau verfärbt.

Variationen für die Füllung:

★ Pro Person 1 pochiertes Ei (siehe Seite 21) in die aufgebrochene Kartoffel geben, mit zerlassener Butter beträufeln und mit Schnittlauchröllchen bestreuen.
★ Für 4 Personen 2 hartgekochte Eier hacken, mit gehackter Essiggurke und etwas Mayonnaise vermischen. Mit gehackter Petersilie bestreuen.
★ Sahne halbsteif schlagen, mit Mayonnaise vermengen, mit Curry pikant würzen.
★ Crème fraîche mit gehackten Mandeln und fein gewürfelten grünen und schwarzen Oliven vermengen.
★ Für 4 Personen 80 g Butter schaumig rühren, mit 1 Eigelb und reichlich fein gehacktem Knoblauch vermengen, mit Salz würzen und bis zum Verzehr kühl stellen.
★ Für 4 Personen 100 g schaumig gerührte Butter mit Salz und Paprikamark verrühren. Mit ganz winzigen Paprikawürfelchen vermischen und kühl stellen.
★ Für 4 Personen 1 hartgekochtes Ei und 2 kleine Matjesfilets fein würfeln, 1 Frühlingszwiebel in dünne Ringe schneiden, ½ Apfel grob raspeln. Alles mit 2 Eßlöffel Mayonnaise und 2 Eßlöffel Crème fraîche verrühren. Mit Pfeffer würzen.

Gefüllte Champignons

4 Portionen
à ca. 1030 kJ (245 kcal)

Geschirr: eine flache, runde Schale

- *12 große Champignons,*
- *1 Eßl. Zitronensaft,*
- *2 Schalotten,*
- *1 Knoblauchzehe,*
- *20 g Butter,*
- *1/2 Bund glatte Petersilie,*
- *150 g frische Krabben,*
- *100 g Doppelrahmfrischkäse mit Kräutern,*
- *4 Eßl. süße Sahne,*
- *2 Eigelb,*
- *Salz, weißer Pfeffer aus der Mühle.*

Aus den Champignons die Stiele herausdrehen. Die Köpfe putzen und rasch mit etwas Zitronensaft bestreichen. Die Stiele putzen und sehr fein würfeln. Die geschälten Schalotten ebenfalls würfeln, die geschälte Knoblauchzehe ganz fein hacken.

Butter in der Schale bei 100 Prozent in 1 Minute schmelzen. Stiele, Schalotten und Knoblauch hineingeben und bei 100 Prozent in 2 Minuten glasig werden lassen.

Petersilie abspülen, trockentupfen und fein hacken. Krabben kurz abspülen, sehr gut trockentupfen und grob hacken.

Käse mit Sahne und Eigelb glattrühren, mit der Pilz-Zwiebel-Mischung, Petersilie und Krabben vermengen und mit Salz und Pfeffer würzen. Die Champignonköpfe in die Schale geben und mit der Käsemasse füllen. Zugedeckt bei 50 Prozent 5 Minuten, dann offen bei 100 Prozent noch mal 5 Minuten garen.

Sofort mit Baguette servieren.

Gesamtgarzeit: 14 Minuten.

Erbsensoufflé

4 Portionen
à ca. 1665 kJ (395 kcal)

Geschirr: vier Portions-Soufflé-formen, eine mittelhohe Schüssel

- *50 g Butter,*
- *50 g frisch geriebener Parmesan,*
- *2 Schalotten,*
- *450 g frische gepalte oder TK-Erbsen,*
- *4 Eßl. trockener Weißwein,*
- *Salz, weißer Pfeffer aus der Mühle,*
- *1 Prise Zucker,*
- *3 Eier,*
- *1/2 Teel. Zitronensaft,*
- *50 g Crème fraîche,*
- *50 g geriebener Greyerzer oder Emmentaler Käse,*
- *geriebene Muskatnuß.*

Mit einem Teil der Butter die Förmchen einfetten und mit etwas Parmesan ausstreuen.

Die restliche Butter in der Schüssel bei 100 Prozent in 1 1/2 Minuten aufschäumen lassen. Die geschälten, sehr fein gewürfelten Schalotten zufügen und bei 100 Prozent in 2 Minuten glasig werden lassen. Die Erbsen dazugeben (tiefgekühlte nur angetaut) und mit Wein begießen. Mit Salz, Pfeffer und Zucker würzen und mit Mikrowellenfolie überzogen bei 100 Prozent in 9 Minuten garen. Dann mit dem Mixstab pürieren und durch ein Sieb streichen.

Eier trennen, Eiweiß mit Zitronensaft zu schnittfestem Schnee schlagen. Eigelb mit Crème fraîche verrühren und unter das Püree ziehen. Restlichen Parmesan und den anderen Käse untermischen. Erst dann mit Salz nachwürzen und mit Muskat abschmecken. Den Eischnee unterheben. Die Masse 3/4 hoch in die Förmchen füllen. Die Förmchen mit einem Abstand von 2 cm in die Mitte des Mikrowellentellers stellen. Die Soufflés bei 75 Prozent 8–10 Minuten backen. Sofort servieren.

Gesamtgarzeit: 20 1/2–22 1/2 Minuten.

Pilze mit Schneckenfüllung

2 Portionen
à ca. 1540 kJ (365 kcal)

Geschirr: zwei Portionspfännchen

- *1/2 Bund gemischte Kräuter der Saison,*
- *3 Knoblauchzehen,*
- *Salz,*
- *75 g weiche Butter,*
- *12 große Champignons,*
- *etwas Zitronensaft,*
- *12 Schnecken aus der Dose,*
- *4 Eßl. trockener Sherry (Fino).*

Kräuter abspülen, trockenschwenken und fein hacken. Knoblauchzehen schälen, grob hacken, dann im Mörser mit Salz zu einem Brei zerdrücken. Die Butter schaumig rühren, nach und nach die gehackten Kräuter und den Knoblauch zufügen und die Butter mit Salz abschmecken.
Aus den Champignons die Stiele herausdrehen, putzen und fein hacken. Unter die Butter kneten und diese kurz ins Gefrierfach stellen.
Die Champignonköpfe nicht waschen, sondern nur mit einem Tuch vorsichtig abreiben. Innen mit etwas Zitronensaft beträufeln.
Die Schnecken abtropfen lassen, den Sud auffangen und durch ein Sieb gießen. Den Sud mit dem Sherry in einem Pfännchen vermischen und bei 100 Prozent 3 Minuten kochen lassen, damit die Mischung sich etwas reduziert. Dann eine Hälfte in das zweite Pfännchen gießen. Sechs Pilzköpfe hineinstellen und jeweils etwas Butter, dann eine Schnecke und wieder Butter hineingeben. Die Pilze bei 100 Prozent 3 Minuten garen, bis die Butter aufschäumt. In der Zwischenzeit das zweite Pfännchen vorbereiten.
Mit Baguette servieren.
Gesamtgarzeit: 9 Minuten.

Lachsparfait

(ohne Abbildung)

4 Portionen
à ca. 1285 kJ (305 kcal)

Geschirr: eine kleine Terrinenform von 500 ml Inhalt

- *200 g Lachsfilet,*
- *2 Eiweiß,*
- *Salz, weißer Pfeffer aus der Mühle,*
- *1 rote Paprikaschote,*
- *1 Limette,*
- *1 Becher süße Sahne (200 g),*
- *Cayennepfeffer,*
- *Butter zum Einfetten.*

Das Lachsfilet sehr sorgfältig entgräten, in Streifen schneiden und mit den Eiweiß im Mixer pürieren. Mit Salz und Pfeffer kräftig würzen und für etwa 20 Minuten ins Gefrierfach stellen.
Die Paprikaschote mit einer Gabel einige Male anstechen und auf einem Stück Haushaltspapier in die Mikrowelle legen. Bei 100 Prozent 4–5 Minuten garen, bis die Haut Blasen bekommt. Dann für 1 Minute in eine kleine Schüssel mit Eiswasser legen. Anschließend die Haut abziehen, Paprikaschote aufschneiden, von den Samensträngen befreien und sehr fein würfeln.
Die gewaschene, abgetrocknete Limette schälen, die Schale ganz fein würfeln und zusammen mit den Paprikawürfeln unter die Parfaitmasse heben. Mit Salz, Cayennepfeffer und, nach Belieben, etwas Limettensaft abschmecken. In die dünn eingefettete Terrinenform füllen. Bei 100 Prozent zugedeckt 8 Minuten garen. Bei Zimmertemperatur abkühlen, dann im Kühlschrank in 2–3 Stunden erkalten lassen.
In Scheiben geschnitten mit einer Soße aus Crème fraîche, frischem Dill und grünen Pfefferkörnern servieren.
Gesamtgarzeit: 12–13 Minuten.

Toast mit Champignonragout

4 Portionen
à ca. 2195 kJ (520 kcal)

Geschirr: eine mittelhohe Schüssel

2 Schalotten,
25 g Butter,
250 g kleine, weiße Champignons,
2 Eßl. Zitronensaft,
1/2 Becher süße Sahne (100 g),
1 Eßl. Instantmehl oder weißer Soßenbinder,
Salz, weißer Pfeffer aus der Mühle,
200 g Reste von gegartem Hähnchen-, Puten- oder Kalbfleisch,
2 Eigelb,
6 Eßl. trockener Weißwein,
4 Scheiben Toastbrot,
4 Scheiben gekochter Schinken,
8 Scheiben Schmelzkäse,
Cayennepfeffer.

Schalotten schälen und fein würfeln. Butter in die Schüssel geben und bei 100 Prozent in 2 Minuten aufschäumen lassen. Schalotten zufügen und bei 100 Prozent in 2 Minuten glasig braten.
Geputzte, geviertelte Pilze mit Zitronensaft in die Schüssel geben und zugedeckt bei 100 Prozent 3 Minuten garen, dabei einmal umrühren.
Sahne mit Instantmehl verquirlen, mit Salz und Pfeffer würzen, über die Pilze gießen und diese offen bei 100 Prozent noch 4 Minuten garen.
Fleisch würfeln, zu den Pilzen geben. Eigelb und Wein gründlich verrühren, unter das Ragout mischen und bei 50 Prozent 1 1/2 Minuten nachgaren lassen.
Brot rösten, auf feuerfeste Teller legen, mit Schinken bedekken. Das Ragout darauf verteilen und mit je 2 Käsescheiben belegen. Unter dem vorgeheizten Grill 3–4 Minuten überbakken, bis der Käse zerläuft. Mit Cayennepfeffer bestäuben.
Gesamtgarzeit (ohne Grill): 12 1/2 Minuten.

Tomaten mit Ei-Kräuter-Füllung

2 Portionen
à ca. 1430 kJ (340 kcal)

Geschirr: eine kleine, flache Auflaufform

4 mittelgroße Kugeltomaten,
Kräutermeersalz,
1/2 Bund gemischte Kräuter der Saison,
2 Eßl. Grahampaniermehl,
75 g mild geräucherter roher Schinken,
2 Eßl. geriebener Parmesan,
2 kleine Eier,
weißer Pfeffer aus der Mühle,
100 g passierte Tomaten (Fertigprodukt),
1 Eßl. Olivenöl.

Die Tomaten waschen und abtrocknen. Mit einem scharfen Messer einen Deckel abschneiden und das Innere mit einem Löffel herausheben. Die Tomaten innen mit Kräutermeersalz bestreuen.
Die Kräuter abspülen, trockentupfen und fein hacken.
Das Grahampaniermehl in einer Pfanne ohne Fettzugabe unter Rühren ganz kurz rösten. Den Schinken fein würfeln oder in Streifen schneiden. Kräuter, Paniermehl, Schinken, Parmesan und die Eier vermischen. Mit Pfeffer und wenig Kräutermeersalz würzen und in die Tomaten füllen.
Tomatendeckel fein hacken, mit dem Tomateninneren, den passierten Tomaten und dem Öl in der Form verrühren. Mit Salz und Pfeffer würzen. Die Tomaten hineinstellen und mit Mikrowellenfolie bedeckt bei 75 Prozent 4 Minuten garen. Mit der Soße umgießen.
Gesamtgarzeit: 4 Minuten.
Hinweis: Soll das Gericht für 4 Personen bereitet werden, beträgt die Garzeit 6 Minuten. Nach 3 Minuten die Form einmal um 180 Grad drehen.

Hackröllchen mit Rührei

2 Portionen
à ca. 3395 kJ (805 kcal)

Geschirr: eine kleine Bräunungsform, zwei Portionsförmchen

250 g Schweinemett,
1 kleines Ei,
2 Eßl. Grahampaniermehl,
1 Eßl. gehackte Petersilie,
1 Eßl. Schnittlauchröllchen,
1 Teel. Paprika edelsüß,
Salz, weißer Pfeffer aus der Mühle,
2 Eßl. Sojaöl,
3 Eier,
2 Eßl. süße Sahne,
geriebene Muskatnuß,
20 g Butter.

Das Schweinemett mit Ei, Paniermehl, Petersilie und Schnittlauchröllchen vermengen und mit Paprika, Salz und Pfeffer kräftig würzen. Mit kühlen Händen zu vier gleichmäßigen Würstchen formen.
Das Öl in der Bräunungsform bei 100 Prozent in 1 Minute erhitzen. Die Würstchen hineinlegen und bei 100 Prozent 6 Minuten garen, dabei dreimal wenden.
Nebenher die Eier mit der süßen Sahne verquirlen und mit Salz, Pfeffer und Muskatnuß pikant würzen.
10 g Butter in ein Portionsförmchen geben und bei 100 Prozent in 30 Sekunden erhitzen. Die Hälfte der Eimasse hineingeben und bei 50 Prozent in 1½ Minuten stocken lassen, dabei nach 45 Sekunden einmal mit einer Gabel kräftig umrühren. Nach Ende der Garzeit die Eimasse mit einer Gabel zur Seite ziehen und die Würstchen dazulegen. Warm halten, bis die zweite Portion ebenso zubereitet wurde.
Gesamtgarzeit: 11 Minuten.
Hinweis: Wollen Sie diesen Snack für 4 Personen zubereiten, arbeiten Sie nur mit einer flachen Form für das Rührei. Die Garzeit für das Ei beträgt dann 4 Minuten.

Pochierte Eier in Limettensoße

4 Portionen
à ca. 1455 kJ (345 kcal)

Geschirr: eine kleine Schale zum Garen, ein kleiner Stieltopf mit Griff

½ Bund Schnittlauch,
2 Stengel Zitronenmelisse,
1 Limette,
8 Eßl. Wasser,
2 Teel. feiner Kräuteressig,
Salz, 4 frische, große Eier,
150 ml süße Sahne,
50 ml trockener Weißwein,
65 g Butter,
weißer Pfeffer aus der Mühle.

Schnittlauch und Zitronenmelisse abspülen und trockentupfen. Schnittlauch in Röllchen schneiden, Melisseblättchen fein hacken. Limette heiß waschen, abtrocknen und die Schale mit dem Juliennschaber abziehen. Den Saft auspressen.
Nur jeweils 2 Eier gleichzeitig garen. Dazu 4 Eßlöffel Wasser und 1 Teelöffel Essig in die Garschale geben und mit einer Untertasse bedeckt bei 100 Prozent 30 Sekunden aufkochen. Die Eier einzeln in die Schale schlagen und die Eigelb mit einem Zahnstocher anstechen. Die Eier bei 50 Prozent in 3 Minuten garen, das Eiweiß darf aber nicht ganz fest sein. Die Eier 2–3 Minuten stehen lassen, dann einzeln auf einer Schaumkelle abtropfen lassen. Die beiden anderen Eier ebenso zubereiten.
Für die Soße in dem Stieltopf die Sahne bei 100 Prozent in 3 Minuten kräftig einkochen lassen. Den Wein einrühren und die Soße nochmals 1¼ Minuten kochen.
Neben dem Gerät die Butter in Flöckchen in die Soße einrühren, mit beliebig viel Limettensaft, Salz und Pfeffer abschmecken, mit Kräutern und Limettenschale verrühren und die Eier darin servieren.
Dazu Baguette reichen.
Garzeit: 8 Minuten.

Pikante Eiercreme

vier Portionen
à ca. 1710 kJ (405 kcal)

Geschirr: vier Portions-Souffléformen

4 Scheiben magerer Räucherspeck,
1/2 Bund gemischte Kräuter der Saison,
200 g Mascarpone,
4 Eier,
6 Eßl. Milch,
Salz,
weißer Pfeffer aus der Mühle,
etwas Zitronensaft,
Butter zum Einfetten.

Einen Teller mit zwei Lagen Haushaltspapier bedecken, den Speck darauflegen und mit Haushaltspapier abdecken. Bei 100 Prozent in 30 Sekunden ganz knusprig werden lassen. Das Papier abnehmen und den Speck ruhen lassen. Die Kräuter abspülen, trockentupfen und fein hacken.

Mascarpone mit Eiern und Milch verquirlen. Mit den Kräutern vermischen. Mit Salz, Pfeffer und Zitronensaft abschmecken.

Die Förmchen mit Butter einfetten und mit dem zuvor zerbröselten Speck ausstreuen. Die Eiercreme einfüllen.

Die Förmchen mit Mikrowellenfolie abdecken und bei 100 Prozent 5 Minuten vorgaren, dann bei 70 Prozent weitere 5 Minuten nachgaren. Die Masse 2–3 Minuten ruhen lassen und die Creme anschließend auf Teller stürzen.

Dazu können Sie Baguette und Butter reichen.

Gesamtgarzeit: $10\,^1/_2$ Minuten.

TIP Es ist sehr dekorativ und schmeckt auch gut, wenn Sie die Eiercreme mit je einem Klecks Keta-Kaviar garnieren oder den Kaviar gesondert dazu reichen.

Eier im Näpfchen

4 Portionen
à ca. 1750 kJ (415 kcal)

Geschirr: zwei Schüsseln mit Deckel, vier Portionsschalen

350 g TK-Erbsen,
Salz,
50 g Butter,
25 g Mehl,
125 ml Geflügelfond (Fertigprodukt),
1/2 Becher süße Sahne (100 g),
1 Teel. Tomatenpüree,
weißer Pfeffer aus der Mühle,
3 Eßl. Crème fraîche,
geriebene Muskatnuß,
4 Eier (Gewichtsklasse 3),
50 g geriebener Emmentaler Käse

Die Erbsen unaufgetaut in eine Schüssel geben, leicht salzen und zugedeckt bei 100 Prozent 8 Minuten garen.

Anschließend mit dem Rührstab des Handrührgeräts pürieren und durch ein Sieb streichen.

Nebenher die Soße bereiten: 30 g Butter in der zweiten Schüssel zugedeckt in 1 Minute bei 100 Prozent zerlassen. Das Mehl einrühren und offen $2\,^1/_2$ Minuten bei 50 Prozent anschwitzen. Geflügelfond, Sahne und Tomatenpüree einrühren und die Soße zugedeckt weitere 4 Minuten bei 100 Prozent garen, dabei einmal umrühren. Die Soße mit Salz und Pfeffer abschmecken.

Die restliche Butter und die Crème fraîche in das Erbsenpüree einrühren. Püree mit Salz, Pfeffer und Muskatnuß abschmecken und in vier Portionsschalen füllen. In die Mitte jeweils eine Vertiefung drücken und je ein Ei hineingeben. Eigelb mit einem Holzstäbchen einstechen. Bei 50 Prozent in $1\,^1/_2$ Minuten fest werden lassen. Mit dem Käse bestreuen. Nach Belieben kurz unter den vorgeheizten Grill schieben oder 1 Minute offen nachgaren lassen.

Die Soße bei 100 Prozent in 30 Sekunden erwärmen und getrennt zu den Eiern reichen.

Garzeit: $16\,^1/_2$ Minuten.

Schnee-Eier auf Knoblauchtoast

2 Portionen
à ca. 1350 kJ (320 kcal)

Geschirr: zwei flache Portionsschälchen

2 Scheiben Toastbrot,
1/2 Knoblauchzehe,
Butter zum Einfetten,
2 große Eier, Salz,
25 g Kräuterbutter (Fertigprodukt),
grob geschroteter schwarzer Pfeffer.

Toastbrost mit der Schnittfläche der zuvor geschälten Knoblauchzehe auf beiden Seiten kräftig einreiben.
Die Portionsschälchen mit Butter einfetten. Die Eier trennen und die Eigelb jeweils in die Mitte der Schälchen gleiten lassen, schwach salzen und mit einem Holzstäbchen ganz leicht einstechen. Bei 50 Prozent 2 Minuten garen.
Das Eiweiß mit einer Prise Salz zu schnittfestem Schnee schlagen und wie ein Nest um die Eigelb verteilen. Noch mal bei 50 Prozent 2 Minuten garen. Dann 1 Minute ruhen lassen.
Während die Eier garen, die Brotscheiben in einer Pfanne in der Kräuterbutter auf beiden Seiten solange rösten, bis sie zart gebräunt sind. Auf 2 Teller geben und die Schnee-Eier daraufgleiten lassen. Mit Pfeffer bestreut rasch servieren.
Gesamtgarzeit: 6 Minuten.
Variation: Ebenso bereiten Sie **Sherryeier:** Pro Person 1 Eßlöffel trockenen Sherry (Fino) und 2 Eßlöffel Geflügelfond in das Schälchen geben, mit einigen Tropfen Worcestersauce würzen. Das Ei (es können auch je 2 kleine sein) hineinschlagen und leicht salzen. Eigelb anpieksen. Die Eier bei 50 Prozent in 3–4 Minuten stocken lassen, dabei sollte das Eiweiß nicht ganz fest werden. 1 Minute nachgaren lassen. Dazu schmeckt am besten Stangenweißbrot.

Riesenscampi im Kräutersud

2 Portionen
à ca. 1665 kJ (395 kcal)

Geschirr: eine tiefe Schale

- *300 g ungeschälte frische Riesenscampi,*
- *1/2 Bund gemischte Kräuter der Saison,*
- *1/10 l trockener Weißwein,*
- *1/10 l Fischfond (Fertigprodukt) oder ganz milde Hühnerbrühe,*
- *4 Eßl. Traubenkern- oder Olivenöl,*
- *Salz, weißer Pfeffer aus der Mühle,*
- *1 Prise gemahlener Koriander,*
- *1 Prise Zucker.*

Die Riesenscampi waschen, abtropfen lassen und schälen, die Schwanzenden aber daran lassen.
Die Kräuter abspülen, trockentupfen und hacken. Die Hälfte zugedeckt beiseite stellen, die übrigen mit dem Wein, dem Fond und dem Öl in der Schale vermischen. Die Garnelen einlegen, mit Salz, Pfeffer, Koriander und Zucker würzen und die Form mit Mikrowellenfolie überziehen.
Die Garnelen bei 50 Prozent 6 Minuten garen, nach 3 Minuten einmal wenden und die Schale um die eigene Achse drehen.
Dazu beliebige Blattsalate servieren, die zusammen mit den Garnelen angerichtet und mit dem Sud und dem restlichen Öl beträufelt werden. Mit den noch übrigen Kräutern bestreuen. Als weitere Beilage gerösteten Vollkorntoast reichen.
Gesamtgarzeit: 6 Minuten.
Variation: Wenn Sie die Garnelen mit Knoblauchgeschmack lieben, dünsten Sie 1 fein gehackte Zehe in 2 Eßlöffel Öl bei 100 Prozent 1 Minute an und geben erst dann die übrigen Zutaten in die Schale.

Provenzalische Sardellen

2 Portionen
à ca. 1855 kJ (440 kcal)

Geschirr: eine flache, rechteckige Schale

- *8 frische oder tiefgekühlte Sardellen,*
- *3 Eßl. Olivenöl,*
- *2 Eßl. Zitronensaft,*
- *1 Eßl. Kräuteressig,*
- *2 Zweige Rosmarin,*
- *8 Zweige Thymian,*
- *8 hauchdünne Scheiben luftgetrockneter Schinken,*
- *20 g Butter,*
- *8 Salbeiblätter,*
- *1/16 l trockener Weißwein,*
- *1/16 l mild gewürzte Fleischbrühe,*
- *schwarzer Pfeffer aus der Mühle.*

Tiefgekühlte Sardellen auftauen lassen. Von den Sardellen die Köpfe abschneiden. Die Fische dann an der Bauchseite vom Schwanzende zum Kopf hin aufschlitzen und ausnehmen. Gründlich waschen und trockentupfen.
Öl, Zitronensaft und Essig in der Schale vermischen. Fische einlegen und mit Folie überzogen 2–3 Stunden marinieren, dabei einige Male wenden.
Rosmarin und Thymian abspülen und trockentupfen. Jede Sardelle mit 1/4 Rosmarinzweig und 1 Thymianzweig füllen und mit einer Schinkenscheibe umwickeln.
Den Sud aus der Schale gießen. Die Schale mit 10 g Butter einfetten. Die Sardellen nebeneinander hineinlegen und mit je einem abgespülten Salbeiblatt bedecken. Wein und Brühe angießen und die Fische mit Pfeffer übermahlen. Die restliche Butter in Flocken darauf verteilen. Die Fische mit Mikrowellenfolie überzogen bei 100 Prozent 6 Minuten garen. Nach 3 Minuten wenden und ohne Folie zu Ende braten. 1 Minute nachgaren lassen und mit frischer Baguette servieren.
Gesamtgarzeit: 6 Minuten.

Edelfische in Gemüsesahne

4 Portionen à ca. 1475 kJ (350 kcal)
Geschirr: eine halbhohe ovale Schale

1/2 kleine Stange Lauch (Porree),
50 g junger Knollensellerie,
1 kleine Möhre,
50 g Butter,
1/10 l trockener Weißwein,
4 Seezungenfilets von je 60 g,
1 Teel. Zitronensaft,
200 g Lachsfilet,
4 Jakobsmuscheln ohne Schale,
Salz, weißer Pfeffer aus der Mühle,
1/8 l Fischfond (Fertigprodukt),
1 Eigelb,
50 ml süße Sahne,
1 Hauch Currypulver,
8 Basilikumblätter.

Lauch putzen, waschen, abtropfen lassen und in ganz feine Ringe schneiden. Sellerie und Möhre schälen und ganz klein würfeln. 25 g Butter in der Garschale bei 100 Prozent in 1 1/2 Minuten aufschäumen lassen. Das Gemüse zufügen und bei 100 Prozent 2 Minuten glasig braten. Den Wein angießen und in 1 1/2 Minuten bei 100 Prozent aufkochen.
Die Fischfilets und die Muscheln abspülen und trockentupfen. Fisch in mundgerechte Stücke zerteilen und nur die Seezungenfilets mit Zitronensaft beträufeln. Die Muscheln in Muskelfleisch (Nuß) und Rogen (Corail) teilen. Auf das Gemüse legen, leicht salzen und pfeffern und mit einem Stück Haushaltspapier bedeckt bei 75 Prozent 3 Minuten garen. Dann aus dem Kochgeschirr nehmen und warm halten. Fischfond einrühren und bei 100 Prozent in 1 Minute aufkochen.
Eigelb und Sahne verquirlen, in den Fond einrühren und bei 50 Prozent 2 Minuten erhitzen. Die Soße mit Curry und Salz abschmecken. Die restliche Butter in Flöckchen einrühren. Über die Fische geben und mit Basilikum garnieren.
Dazu Baguette reichen.
Gesamtgarzeit: 11 Minuten.
Variation: Auf die gleiche Weise können Sie auch deftigere Fischsorten wie Kabeljau, Schellfisch oder Rotbarsch zubereiten. Die Garzeit verlängert sich dabei um 1–1 1/2 Minuten.

TIP Das Säuern von Fischen dient nicht nur dem besseren Geschmack. Bleibt der Fisch, mit Zitronensaft oder Essig beträufelt oder bestrichen, über einen längeren Zeitraum stehen, setzt eine Art Garprozeß ein. Das ist vor allem beim Garen mit Mikrowellen von Bedeutung. Am besten wird der Fisch darum erst unmittelbar vor dem Garen gesäuert. Bleibt er länger als 15 Minuten stehen, kann die Garzeit um 1/4 bis 1/3 reduziert werden. Auf jeden Fall muß der Fisch dann, egal ob er im Ganzen, als Filet oder in Tranchen gegart wird, vorher mit Haushaltspapier gründlich trockengetupft werden. Auch sollte man nur sparsam salzen, um ein Auslaugen zu verhindern.

Ob als Vorsuppe
oder als Hauptgericht – bei
dem Sie so richtig aus dem vollen
schöpfen können – mit
einem Süppchen ist der Tag
noch mal so schön

Rezepte nächste Seite

Delikate Suppen, herzhafte Eintöpfe

Geflügelbouillon
mit Einlage

Tomatensuppe

Tomatensuppe

4 Portionen
à ca. 940 kJ (225 kcal)

Geschirr: eine hohe Schüssel, ein Stielpfännchen

- *2 Zwiebeln,*
- *2 Knoblauchzehen,*
- *4 Eßl. Olivenöl,*
- *750 g vollreife Tomaten, am besten Flaschentomaten,*
- *1/2 l kräftige Fleischbrühe,*
- *1/2 rote Paprikaschote,*
- *10 g Butter,*
- *1 Eßl. trockener Sherry (Fino),*
- *1/2 Becher süße Sahne (100 g),*
- *1 gehäufter Eßl. Speisestärke,*
- *Salz, weißer Pfeffer aus der Mühle,*
- *Paprika rosenscharf,*
- *4–5 Stengel Basilikum.*

Zwiebeln und Knoblauchzehen schälen und grob würfeln. Das Öl in der Schüssel bei 100 Prozent in 2 Minuten erhitzen. Zwiebeln und Knoblauch zufügen und bei 100 Prozent in 2 Minuten glasig werden lassen. Die gewaschenen, geviertelten und von den Stengelansätzen befreiten Tomaten und die Fleischbrühe zufügen. Das Gemüse zugedeckt bei 100 Prozent in 8 Minuten weich werden lassen.
In der Zwischenzeit die Paprikahälfte putzen, waschen, abtropfen lassen und in feine Streifchen schneiden.
Suppe aus dem Gerät nehmen. Butter in dem Pfännchen bei 100 Prozent in 1 Minute aufschäumen lassen. Die Paprikastreifen mit dem Sherry zufügen und mit einem Blatt Haushaltspapier bedeckt bei 50 Prozent in 3 Minuten garen.
Die Suppe durch ein Sieb streichen und wieder in die Schüssel geben. Sahne und Speisestärke verquirlen und in die Suppe einrühren. Bei 100 Prozent in 2–3 Minuten aufkochen lassen. Erst dann mit Salz, Pfeffer und Paprika abschmecken. In Teller füllen, mit Paprikastreifen und Basilikumblättchen garnieren. Eventuell noch etwas gekochten Reis zufügen.
Gesamtgarzeit: 18–19 Minuten.

Geflügelbouillon mit Einlage

4 Portionen
à ca. 940 kJ (225 kcal)

Geschirr: eine hohe Schüssel, ein Portionsschälchen

- *250 g Hühnerbrust,*
- *1 Bund Suppengrün,*
- *1 l Hühnerbrühe aus Würfeln,*
- *6 schwarze Pfefferkörner,*
- *2 große Möhren,*
- *2 Eier,*
- *4 Eßl. süße Sahne,*
- *1 Teel. gehackte Petersilie,*
- *1 Teel. Schnittlauchröllchen,*
- *Salz, weißer Pfeffer,*
- *geriebene Muskatnuß,*
- *etwas Butter zum Einfetten,*
- *150 g TK-Erbsen,*
- *einige Tropfen Worcestersauce.*

Hühnerbrust abspülen und in möglichst kleine Würfel schneiden. Das geputzte Suppengrün auch würfeln. Beides mit der Brühe und den Pfefferkörnern in die Schüssel geben. Mit einem Teller bedeckt bei 50 Prozent 15 Minuten kochen lassen. Nach 5 Minuten die geschälten Möhren im Ganzen hineingeben.
Die Eier mit Sahne verquirlen. Mit Petersilie und Schnittlauch mischen, mit Salz, Pfeffer und Muskatnuß abschmecken. Das Portionsschälchen mit Butter einfetten und die Eimasse hineingießen. Suppe aus dem Gerät nehmen. Eimischung mit einem Blatt Haushaltspapier bedecken und bei 50 Prozent in 10 Minuten garen.
Nebenher die Möhren aus der Bouillon nehmen. Die Bouillon zuerst durch ein Haarsieb, dann durch ein Seihtuch geben. Wieder in die Schüssel füllen. Möhren zu winzigen Kügelchen ausstechen, zusammen mit den angetauten Erbsen in die Bouillon geben. Bei 100 Prozent 4–5 Minuten garen.
Eierstich stürzen, würfeln und in die fertige Bouillon geben. Bouillon mit etwas Worcestersauce würzen.
Gesamtgarzeit: 34–35 Minuten.

Curry-creme-suppe mit Gemüse

4 Portionen
à ca. 1285 kJ (305 kcal)

Geschirr: eine hohe Schüssel

100 g Knollensellerie,
2 Möhren (etwa 125 g),
4 Frühlingszwiebeln,
125 g Austernpilze,
100 g weiße Champignons,
50 g Butter,
Salz, weißer Pfeffer aus der Mühle,
25 g Mehl,
2 Gläser konzentrierte Hühnerbrühe mit Einlage von je 250 ml Inhalt,
1/4 l Wasser,
1/8 l trockener Weißwein,
1/8 l süße Sahne,
100 g TK-Erbsen,
1–2 Eßl. Currypulver

Sellerie und Möhren schälen, Zwiebeln und beide Pilzsorten putzen. Alles, bis auf etwas Zwiebelgrün, in schmale Streifen schneiden. 25 g Butter in der Schüssel bei 100 Prozent in 1 Minute schmelzen, Gemüsestreifen hineingeben, salzen und pfeffern und mit einem Teller bedeckt bei 100 Prozent 3 Minuten garen. Aus der Schüssel nehmen.
Restliche Butter in der Schüssel bei 100 Prozent in 1 1/2 Minuten aufschäumen. Das Mehl einrühren und bei 100 Prozent 2 Minuten anschwitzen, dabei einmal umrühren.
Brühe entfetten und abgießen, das Fleisch beiseite legen.
Mehlschwitze mit Brühe, Wasser, Wein und Sahne ablöschen. Die Erbsen zufügen. Alles offen bei 100 Prozent 8 Minuten kochen, dabei zweimal umrühren. Die Suppe mit Curry würzen, das Gemüse und das in Stücke geschnittene Hühnerfleisch zufügen. Suppe bei 100 Prozent 1 Minute erwärmen. Mit dem in Röllchen geschnittenen Zwiebelgrün servieren.
Gesamtgarzeit: 16 1/2 Minuten.

Grüne Kartoffel-suppe

(ohne Abbildung)

4 Portionen
à ca. 1435 kJ (340 kcal)

Geschirr: eine hohe Schüssel

100 g Knollensellerie,
1 kleine Fenchelknolle,
1 Stange Lauch (Porree),
2 Frühlingszwiebeln,
30 g Butter,
500 g mehligkochende Kartoffeln,
150 g TK-Erbsen,
3/4 l Fleischbrühe,
Salz, weißer Pfeffer aus der Mühle,
1 Prise Zucker,
1 Bund gemischte Kräuter der Saison,
1/2 Becher süße Sahne (100 g),
1 Eigelb.

Sellerie schälen, Fenchel, Lauch und Frühlingszwiebeln putzen, Fenchelgrün zur Seite legen. Das Gemüse fein würfeln beziehungsweise in feine Ringe schneiden.
Butter in der Schüssel bei 100 Prozent in 1 1/2 Minuten aufschäumen lassen. Das Gemüse einlegen und bei 100 Prozent 3 Minuten andünsten. Die geschälten, in Würfel geschnittenen Kartoffeln und die Erbsen zufügen und die Brühe angießen. Mit Salz, Pfeffer und Zucker würzen. Mit einem Teller bedeckt bei 100 Prozent 15 Minuten garen.
Nebenher die Kräuter und das Fenchelgrün abspülen, trockentupfen und die Hälfte fein hacken.
Die Hälfte der Suppe im Mixer pürieren, dabei nach und nach die Sahne einlaufen lassen, das Eigelb und die nicht gehackten Kräuter zufügen. Mit der übrigen Suppe in der Schüssel vermischen und bei 100 Prozent in 2 Minuten erhitzen. Mit den restlichen Kräutern bestreut servieren.
Gesamtgarzeit: 21 1/2 Minuten.

Grünkern-suppe

4 Portionen
à ca. 970 kJ (230 kcal)

Geschirr: eine hohe Schüssel

200 g Grünkern,
2 Stangen Lauch (Porree),
2 mittelgroße Möhren,
2 mittelgroße Petersilienwurzeln,
10 g Butter,
1 Knoblauchzehe,
1 l Fleischbrühe,
1 Stengel Selleriegrün oder 6 Stengel glatte Petersilie,
1/4 Bund Schnittlauch,
Salz, weißer Pfeffer aus der Mühle,
einige Tropfen Worchestersauce.

Grünkern über Nacht mit Wasser bedeckt stehen lassen.
Am nächsten Tag Lauch putzen, waschen und in Ringe schneiden. Möhren und Petersilienwurzeln schälen. Möhren in dünne Scheiben, Petersilienwurzeln in ganz feine Würfel schneiden.
Butter in der Schüssel bei 100 Prozent in 1 Minute schmelzen lassen. Die geschälte, sehr fein gehackte Knoblauchzehe hineingeben und bei 100 Prozent in 30 Sekunden glasig werden lassen. Den abgetropften Grünkern zufügen und bei 100 Prozent mit einem Teller bedeckt 8 Minuten vorgaren.
Gemüse und Fleischbrühe in die Schüssel geben. Die Suppe zugedeckt bei 100 Prozent nochmals 10 Minuten kochen. Selleriegrün oder Petersilie abspülen und sehr fein hacken. Nach 4 Minuten die Suppe einmal umrühren, mit Salz, Pfeffer und Worcestersauce würzen, das Grün zufügen und die Suppe zu Ende garen.
Gesamtgarzeit: 23 1/2 Minuten.

Frühlings-suppe

4 Portionen
à ca. 635 kJ (150 kcal)

Geschirr: eine hohe Schüssel

2 Fleischtomaten,
1 Stange Lauch (Porree),
125 g junger Knollensellerie,
20 g Butter,
1 1/4 l kräftige Fleischbrühe,
200 g Blumenkohlröschen,
200 g zarte Brechbohnen,
2 junge Möhren,
125 g gepalte Erbsen oder TK-Erbsen,
1/2 Bund Petersilie,
Salz, weißer Pfeffer aus der Mühle,
einige Tropfen Worcestersauce.

Die Tomaten mehrmals mit einer Gabel einstechen, auf ein Stück Haushaltspapier legen und bei 100 Prozent etwa 3 Minuten garen, bis die Haut aufgeplatzt ist. Die Tomaten etwas abkühlen lassen und häuten.
Lauch putzen, waschen, abtropfen lassen und in Ringe schneiden. Sellerie schälen und in kleine Würfel schneiden.
Butter in der Schüssel bei 100 Prozent in 1 1/2 Minuten aufschäumen lassen Das Gemüse einlegen und bei 100 Prozent in 2 Minuten glasig werden lassen. Dabei nach 1 Minute einmal umrühren. Dann die Brühe angießen und in 5 Minuten bei 100 Prozent zum Kochen bringen.
Die Blumenkohlröschen und die abgefädelten, in Stücke geteilten Bohnen waschen und abtropfen lassen. Die Möhren schälen und in feine Scheiben teilen. Die gehäuteten Tomaten entkernen und in Streifen schneiden. Alles zusammen mit den Erbsen in die Brühe geben und mit einem Teller bedeckt bei 100 Prozent 4–5 Minuten garen. Dann die gehackte Petersilie untermischen, mit Salz, Pfeffer und Worcestersauce würzen.
Gesamtgarzeit: 11 1/2 Minuten.

Tomatensuppe mit Schuß

4 Portionen
à ca. 1310 kJ (310 kcal)

Geschirr: ein Teller, eine hohe Schüssel

250 g Kugeltomaten,
2 Schalotten,
40 g Butter,
30 g Mehl,
2 Eßl. Tomatenmark,
3/4 l kräftige Fleischbrühe,
1/4 l Milch,
1/2 Bund Dill,
125 g Nordseegarnelen, geschält,
Salz, weißer Pfeffer aus der Mühle,
1 Prise Zucker,
3 cl klarer Schnaps, zum Beispiel Bommerlunder,
125 g Crème fraîche.

Tomaten einige Male mit einer Gabel einstechen, auf den Teller setzen und bei 100 Prozent 3 Minuten erhitzen, bis die Schale aufplatzt. Etwas abkühlen lassen, dann schälen.
Schalotten schälen und sehr fein hacken. Butter in der Schüssel bei 100 Prozent in 1 1/2 Minuten aufschäumen, die Schalotten hineingeben und bei 100 Prozent in 1 1/2 Minuten glasig werden lassen. Das Mehl unterrühren, bei 100 Prozent 2 Minuten anschwitzen. Tomatenmark, Fleischbrühe und die Milch einrühren und alles bei 75 Prozent 6 Minuten kochen.
Nebenher den abgespülten, trockengetupften Dill fein schneiden. Die Garnelen abspülen und abtropfen lassen. Die Tomaten vierteln, entkernen und in Streifen schneiden. Suppe mit Salz, Pfeffer, Zucker und Schnaps abschmecken. Dill, Garnelen und Tomaten hineingeben und die Suppe nochmals 1 Minute bei 100 Prozent erhitzen.
Crème fraîche schaumig rühren, getrennt zur Suppe servieren, damit jeder sich nach Belieben nehmen kann.
Gesamtgarzeit: 17 Minuten.

Westfälisches Blindhuhn

4 Portionen
à ca. 2930 kJ (695 kcal)

Geschirr: eine hohe Schüssel

200 g kleine weiße Bohnen,
250 g durchwachsener Speck,
250 g grüne Bohnen,
200 g Möhren,
400 g Kartoffeln,
2 kleine, säuerliche Äpfel,
2 kleine, feste Birnen,
Salz, weißer Pfeffer aus der Mühle,
1 Prise gerebelter Majoran.

Die weißen Bohnen über Nacht in 2 l Wasser in der Schüssel einweichen.
Am nächsten Tag zusammen mit dem Speck mit einem Teller bedeckt bei 75 Prozent 30 Minuten vorgaren.
Die grünen Bohnen abfädeln, waschen und brechen. Möhren, Kartoffeln, Äpfel und Birnen schälen. Möhren in Scheiben oder Würfel, Kartoffeln und die von den Kerngehäusen befreiten Äpfel und Birnen in Schnitze schneiden.
Den Speck aus der Schüssel nehmen und das Gemüse unter die Bohnen rühren. Mit Salz, Pfeffer und Majoran würzen. Mit dem Teller bedeckt bei 100 Prozent noch 10 Minuten garen. Dabei nach 5 Minuten umrühren.
Das fertige Gericht nach Belieben mit gehackter Petersilie bestreuen und mit dem in Scheiben geschnittenen Speck anrichten.
Gesamtgarzeit: 40 Minuten.
Hinweis: Das Gericht schmeckt natürlich noch besser mit frischen Bohnenkernen, die nicht eingeweicht werden müssen. Kochen Sie zuerst den Speck bei 75 Prozent zugedeckt 20 Minuten und geben Sie dann die zuvor gewaschenen, abgetropften Bohnenkerne dazu. Nach weiteren 10 Minuten den Speck herausnehmen und das restliche Gemüse in die Schüssel geben.

Lauch-Kartoffelsuppe mit Krabben

2 Portionen
à ca. 2235 kJ (530 kcal)

Geschirr: eine Schüssel

2 Schalotten,
2 Frühlingszwiebeln,
2 junge Stangen Lauch (Porree),
30 g Butter,
400 g mehligkochende Kartoffeln,
½ l Fleischbrühe,
5 Stengel Petersilie,
4 Stengel Dill,
125 g frische Nordseekrabben,
6 Eßl. süße Sahne,
Salz, weißer Pfeffer aus der Mühle,
geriebene Muskatnuß.

Schalotten schälen und sehr fein würfeln. Frühlingszwiebeln und Lauch putzen. Lauch abspülen und abtropfen lassen. Dann beides in feine Ringe schneiden.
Die Butter bei 100 Prozent in der Schüssel in 1½ Minuten aufschäumen lassen. Schalotten, Zwiebeln und Lauch darin bei 100 Prozent in 3 Minuten glasig braten, dabei einmal umrühren.
Kartoffeln schälen, sehr fein würfeln und zusammen mit der Fleischbrühe in die Schüssel geben. Mit einem Teller bedeckt bei 100 Prozent 6–7 Minuten garen, bis die Kartoffeln ganz zerfallen sind.
Petersilie und Dill abspülen, trockentupfen und fein hacken beziehungsweise -schneiden.
Krabben abspülen und abtropfen lassen. Zusammen mit den Kräutern in die fertige Suppe geben. Mit Sahne verrühren, mit Salz, Pfeffer und Muskatnuß abschmecken.
Gesamtgarzeit: 10½–11½ Minuten.
Hinweis: Wer die Suppe sämiger liebt, kann sie ganz oder teilweise mit dem Mixstab oder im Mixer pürieren.

Lammfleischtopf mit grünen Bohnen

4 Portionen
à ca. 2255 kJ (535 kcal)

Geschirr: eine hohe Schüssel

2 Zwiebeln,
1 Knoblauchzehe,
20 g Butterschmalz,
400 g Lammschulter,
$1/2$ l kräftige Fleischbrühe,
Salz, schwarzer Pfeffer aus der Mühle,
2 Zweige Bohnenkraut,
4 Zweige Thymian,
400 g Kartoffeln,
500 g grüne Bohnen.

Zwiebeln und Knoblauch sehr fein würfeln. Butterschmalz in der Schüssel bei 100 Prozent in $1^1/_2$ Minuten erhitzen. Die Knoblauch-Zwiebel-Mischung zufügen und bei 100 Prozent in $1^1/_2$ Minuten glasig werden lassen. Dabei einmal umrühren. Nebenher das Fleisch mit einem Tuch abreiben und in mundgerechte Würfel schneiden. In die Schüssel geben und die Brühe angießen. Mit Salz und Pfeffer abschmecken. Bohnenkraut und Thymian abspülen und auch in die Schüssel geben. Das Fleisch mit einem Teller bedeckt bei 100 Prozent in 25 Minuten garen. Die Kartoffeln schälen und in Würfel oder Schnitze teilen. Nach 15 Minuten zufügen.
Die Bohnen sorgfältig abfädeln, waschen und abtropfen lassen. 10 Minuten vor Ende der Garzeit auch in den Topf geben. Dabei jeweils das Gericht gut umrühren. 5 Minuten vor Ende der Garzeit noch einmal umrühren. Thymian und Bohnenkraut entfernen.
Gesamtgarzeit: 28 Minuten.
Variationen: Statt Lamm- kann man auch **Hammel-** oder **Rindfleisch** verwenden. Das Fleisch sollte grundsätzlich nicht zu mager sein, Fett ist ein guter Geschmacksträger.

Spanischer Eintopf

4 Portionen
à ca. 2510 kJ (595 kcal)

Geschirr: eine hohe Schüssel

500 g Rinderbrust,
1 l Brühe, am besten aus Knochen selbstgekocht,
$1/2$ Teel. schwarze Pfefferkörner,
400 g frischer Weißkohl,
2 große Zwiebeln,
4 Eßl. Olivenöl,
2 Teel. Paprika edelsüß,
1 Eßl. Tomatenmark,
2 Gewürzgurken,
50 g gefüllte Oliven,
2 kleine Lorbeerblätter,
100 g Crème fraîche, Salz.

Das Fleisch in mundgerechte Würfel schneiden. Die Brühe in der Schüssel bei 100 Prozent in 4 Minuten aufkochen und das Fleisch einlegen. Mit einem Teller bedeckt in 25 Minuten weich werden lassen. Nach 10 Minuten die Pfefferkörner zufügen und alles einmal gründlich umrühren.
Den Kohl putzen, waschen und in nicht zu kleine Stücke schneiden. Die Zwiebeln schälen, mittelgroß würfeln und in einer Pfanne im heißen Öl glasig braten. Den Kohl zufügen und kurz andünsten. Paprika edelsüß und Tomatenmark unterrühren.
Die Oliven und Gurken abtropfen lassen und in Scheiben schneiden beziehungsweise würfeln. Zusammen mit dem Pfanneninhalt zum Fleisch geben. Das Lorbeerblatt zufügen und alles zugedeckt noch 12 Minuten bei 100 Prozent kochen lassen. Crème fraîche in die fertige Suppe einrühren und diese mit Salz abschmekken. Lorbeerblätter vor dem Servieren eventuell entfernen.
Gesamtgarzeit: 41 Minuten.

Rindfleisch-Gemüse-Topf

4 Portionen
à ca. 1835 kJ (435 kcal)

Geschirr: eine halbhohe Schüssel mit Deckel

400 g Rindfleisch zum Schmoren,
25 g Butterschmalz,
200 g Knollensellerie,
200 g Möhren,
400 g Kartoffeln,
1/2 junger Wirsingkohl von etwa 400 g,
1/8 l Fleischbrühe,
1/8 l Gemüsesaft,
Salz, weißer Pfeffer aus der Mühle,
geriebene Muskatnuß,
1/2 Bund Petersilie.

Fleisch mit einem Tuch abreiben, in mundgerechte Würfel schneiden. Das Butterschmalz in einer Pfanne erhitzen und das Fleisch darin rundherum in etwa 5 Minuten braun anbraten. Dann erst in die Schüssel geben.
Sellerie, Möhren und Kartoffeln schälen. Sellerie würfeln, Möhren in Scheibchen schneiden, Kartoffeln je nach Größe in Achtel oder Sechzehntel schneiden.
Den Wirsing abspülen, abtropfen lassen und in etwa 2 cm breite Streifen schneiden, dabei den Strunk entfernen. Alles zusammen mit Brühe und Gemüsesaft zum Fleisch geben und mit Salz, Pfeffer und Muskatnuß abschmecken. Zugedeckt bei 100 Prozent 10 Minuten garen, dann einmal umrühren und den Eintopf offen bei 75 Prozent weitere 5 Minuten garen.
Die Petersilie abspülen, trockentupfen und fein hacken. Unter den Eintopf mischen.
Gesamtgarzeit: 15 Minuten.
Hinweis: Damit der Garprozeß des Fleischs nicht unnötig lange unterbrochen wird, sollte man das Gemüse als erstes putzen.

Bohneneintopf

4 Portionen
à ca. 1520 kJ (360 kcal)

Geschirr: eine Schüssel mit Deckel

600 g TK-Dicke Bohnen,
200 g mild geräucherter Schinken (am besten luftgetrocknet),
2 Eßl. Olivenöl,
3 kleine Zwiebeln,
2 Knoblauchzehen,
5 cl halbtrockener Sherry (Amontillado),
200 ml Rinderfond (Fertigprodukt) oder milde Fleischbrühe,
3 Stengel Basilikum,
Salz, weißer Pfeffer aus der Mühle.

Die Bohnen im Paket bei 100 Prozent 1 Minute antauen lassen, dann lassen sie sich besser entnehmen.
Den Schinken in knapp 2 cm große Würfel schneiden, mit dem Öl in die Schüssel geben und mit einem Stück Haushaltspapier bedeckt bei 100 Prozent 1 1/2 Minuten andünsten. Dann herausnehmen.
Die geschälten, fein gewürfelten Zwiebeln und den geschälten, sehr fein gehackten Knoblauch ins Fett geben und bei 100 Prozent in 1 1/2 Minuten glasig werden lassen. Sherry, Rinderfond oder Brühe und die angetauten Bohnen dazugeben. Zugedeckt bei 100 Prozent 12 Minuten schmoren lassen. Dabei zweimal umrühren.
Basilikum abspülen, trockentupfen, Blättchen in ganz feine Streifen schneiden. Mit dem Schinken unter den fertigen Eintopf mischen, mit Salz und Pfeffer pikant würzen.
Gesamtgarzeit: 16 Minuten.
Hinweis: Wenn Sie statt der TK-Bohnen lieber frische verwenden, weil sie meist zartschaliger sind, rechnen Sie etwa 1,2 kg Rohware. Die ausgepalten Bohnen am besten in reichlich Salzwasser 4–5 Minuten blanchieren und kalt abschrecken. Sie brauchen nur 3–4 Minuten zu schmoren.

Italienische Zwiebelsuppe

4 Portionen
à ca. 1330 kJ (315 kcal)

Geschirr: eine hohe Schüssel

- *250 g Lauch (Porree), nur die hellen Teile,*
- *1 Bund Frühlingszwiebeln,*
- *5 Eßl. Olivenöl,*
- *1 kleine rote Pfefferschote,*
- *2 Knoblauchzehen,*
- *Salz,*
- *1/4 l trockener Weißwein,*
- *3/4 l Fleischbrühe,*
- *weißer Pfeffer aus der Mühle,*
- *geriebene Muskatnuß,*
- *3 Scheiben grobes Roggenbrot,*
- *5 Stengel Majoran,*
- *4 Eßl. frisch geriebener Parmesan.*

Lauch und Frühlingszwiebeln putzen, waschen und in dünne Ringe schneiden. 2 Eßlöffel Öl in der Schüssel bei 100 Prozent 1 Minute erhitzen, Lauch und Zwiebeln zufügen und bei 100 Prozent in 4 Minuten glasig werden lassen, dabei einmal umrühren.

Die Pfefferschote putzen, kurz abspülen und trockentupfen. Dann grob würfeln. Zusammen mit den geschälten, grob gehackten Knoblauchzehen im Mörser mit 1/2 Teelöffel Salz zu einem Brei zerdrücken. In die Schüssel geben. Wein und Brühe angießen. Mit Salz, Pfeffer und Muskatnuß abschmekken und mit einem Teller bedeckt bei 75 Prozent 10 Minuten kochen.

Nebenher das Brot entrinden und in Würfel schneiden. Das restliche Öl in einer Pfanne erhitzen und die Brotwürfel darin bei nicht zu starker Hitze goldbraun rösten.

Majoran abspülen, trockentupfen und die Blättchen grob hacken. Unter die fertige Suppe rühren. Suppe mit Brotwürfeln und Parmesan bestreuen.

Gesamtgarzeit: 15 Minuten.

ALBIA
Imbottigliato nelle cantine
dalla Casa Vinicola
BARONE RICASOLI
Firenze · Italia
tavola bianco secco

Feines aus Fluß und Meer

Hier zeigt sich Fisch ganz anders. Entdecken Sie neue Zubereitungsarten, und lassen Sie sich überraschen von der Vielfalt der Möglichkeiten

Rezept nächste Seite

Lachssteaks auf Gemüsestreifen

4 Portionen
à ca. 2300 kJ (575 kcal)

Geschirr: eine runde oder rechteckige Schale

4 Lachssteaks von je 200 g,
Zitronensaft,
2 kleine Zucchini,
2 mittelgroße Möhren,
1 dünne Stange Lauch (Porree),
1/4 Sellerieknolle von etwa 125 g,
1/8 l Fischfond (Fertigprodukt),
1/10 l trockener Weißwein,
1 kräftige Prise Fischgewürz,
50 g Butter, Salz,
weißer Pfeffer aus der Mühle,
1 Teel. gehackte Petersilie.

Lachssteaks kurz abspülen, trockentupfen und mit Zitronensaft beträufeln.
Zucchini waschen, von Blüten- und Stengelansätzen befreien. Möhren schaben oder schälen. Lauch putzen, waschen und abtropfen lassen. Sellerie schälen. Das Gemüse in ganz feine Streifen schneiden.
Fischfond und Wein in die Form gießen, Fischgewürz und 20 g Butter zufügen. Bei 100 Prozent 1 1/2 Minuten erhitzen. Das Gemüse einlegen und bei 100 Prozent 1 1/2 Minuten vorgaren, dann leicht salzen und pfeffern.
Die Lachssteaks ebenfalls mit Salz und Pfeffer würzen und so auf dem Gemüse anrichten, daß die dicken Teile jeweils außen liegen. Die dünnen Innenstreifen leicht zusammendrükken, um ein gleichmäßiges Garen zu ermöglichen.
Die Schüssel mit Mikrowellenfolie überziehen. Den Lachs bei 100 Prozent 4 Minuten garen, dann wenden und die Schüssel einmal um 180 Grad drehen. Den Lachs mit Folie bedeckt bei 50 Prozent noch 8 Minuten garen. Auf einer Platte anrichten.
Restliche Butter in Flöckchen unter das Gemüse rühren. Gemüse um den Lachs geben und mit Petersilie bestreuen. Dazu Salzkartoffeln reichen.
Gesamtgarzeit: 15 Minuten.

Schollen auf Champignons

2 Portionen
à ca. 2340 kJ (555 kcal)

Geschirr: eine große ovale Form

2 küchenfertige, gehäutete Schollen von je etwa 250 g,
1 unbehandelte Zitrone,
125 g weiße Champignons,
3 Schalotten,
20 g Butter,
1/2 Bund Petersilie,
Salz, weißer Pfeffer aus der Mühle,
1/8 l süße Sahne,
1/10 l trockener Weißwein,
50 g frische Nordseekrabben,
1 cl Aquavit, zum Beispiel Bommerlunder.

Die Schollen gründlich abspülen und trockentupfen. Die Zitrone waschen, etwa die Hälfte der Schale abreiben, den Saft auspressen. Die Schollen mit etwas Saft beträufeln. Die Champignons putzen, in einem Tuch abreiben und mit dem Eischneider in gleichmäßige Scheiben schneiden. Ebenfalls mit etwas Zitronensaft vermischen.
Die Schalotten schälen und sehr fein würfeln. Die Butter in der Form bei 100 Prozent in 1 Minute aufschäumen lassen. Schalotten und Pilze zufügen und bei 100 Prozent 2–3 Minuten garen, bis die Schalotten glasig sind.
Petersilie abspülen, trockentupfen und fein hacken. Die Hälfte zusammen mit der Zitronenschale unter die Champignons mischen.
Die Schollen mit Salz und Pfeffer würzen und nebeneinander in die Form legen.
Sahne und Wein verrühren, über die Fische gießen. Mit Mikrowellenfolie überzogen bei 100 Prozent in 2–3 Minuten garen.
Krabben abspülen, abtropfen lassen und nach 1 1/2 Minuten in die Form geben. Die Form um 180 Grad drehen. Die Soße mit dem Aquavit verfeinern. Die restliche Petersilie über die Schollen streuen.
Gesamtgarzeit: 5–7 Minuten.

Seezungenröllchen auf Blattspinat

2 Portionen
à ca. 1520 kJ (360 kcal)

Geschirr: zwei Portionsformen

250 g Blattspinat, Salz,
4 Seezungenfilets von je 60 g,
Zitronensaft,
weißer Pfeffer aus der Mühle,
2 Schalotten,
20 g Butter,
4 Eßl. Weißwein,
geriebene Muskatnuß,
4 Eßl. Crème fraîche,
Cayennepfeffer,
75 g frische Scampi.

Den Spinat verlesen, waschen und in kräftig gesalzenem, sprudelnd kochendem Wasser 30 Sekunden blanchieren. Dann kalt abschrecken und abtropfen lassen. In zwei Portionen teilen.
Die Seezungenfilets kurz abspülen, trockentupfen, mit etwas Zitronensaft beträufeln, leicht salzen und pfeffern und mit der Hautseite nach innen aufrollen.
Die Schalotten schälen und in feine Streifen schneiden. Butter in einem Förmchen bei 100 Prozent 1 Minute erhitzen. Schalotten zufügen und in 1½ Minuten glasig braten. Die Hälfte in die zweite Form geben und den Spinat auf beide Formen verteilen. Mit Weißwein beträufeln, mit Pfeffer und Muskatnuß pikant würzen. Die Seezungenröllchen in die Mitte stellen.
Crème fraîche mit Zitronensaft schaumig rühren, mit Salz und Cayennepfeffer würzen und in die Röllchen füllen. Beide Schalen mit Mikrowellenfolie bedecken und die Röllchen bei 100 Prozent in 6 Minuten garen. Nach 3 Minuten die Schalen jeweils um 180 Grad drehen und die zuvor abgespülten, abgetropften Krabben je zur Hälfte hineingeben.
Gesamtgarzeit: 8½ Minuten.

Kabeljaufilet in Dill-Sahne-Soße

4 Portionen
à ca. 1285 kJ (305 kcal)

Geschirr: eine ovale Form, ein Milchkrug, eine kleine Kasserolle

600 g TK-Kabeljaufilet,
1 Bund Dill,
½ Bund Petersilie,
⅛ l süße Sahne,
100 ml Fischfond (Fertigprodukt) oder milde Fleischbrühe,
40 g Butter,
30 g Mehl,
50 ml trockener Weißwein,
Salz, weißer Pfeffer aus der Mühle,
1 Prise Zucker.

Den Fisch in der ovalen Form bei Auftaustufe in 10–12 Minuten auftauen. Dann herausnehmen und mit Haushaltspapier trockentupfen.
Dill und Petersilie abspülen, trockentupfen und fein schneiden beziehungsweise hacken.
Sahne und Fischfond im Milchkrug bei 100 Prozent in 2 Minuten erhitzen.
Butter in der Kasserolle bei 100 Prozent in 2 Minuten aufschäumen lassen. Das Mehl einrühren und bei 50 Prozent 2 Minuten anschwitzen. Die heiße Flüssigkeit unter Rühren mit dem Schneebesen in einem dünnen Strahl einlaufen lassen. Dann erst den Wein einrühren und die Soße bei 50 Prozent 6 Minuten kochen lassen. Mit Salz, Pfeffer und Zukker abschmecken. Die Hälfte der Kräuter untermischen und die Filetstücke einlegen. Die Kasserolle mit Mikrowellenfolie bedecken und den Fisch bei 100 Prozent in 4 Minuten garziehen lassen. Die restlichen Kräuter unter die Soße mischen.
Dazu Salzkartoffeln reichen.
Gesamtgarzeit: 26–28 Minuten.

Fisch-Zucchini-Röllchen

4 Portionen
à ca. 1370 kJ (325 kcal)

Geschirr: eine flache Schale

- *250 g Merlanfilets,*
- *Salz,*
- *1 Eiweiß,*
- *¼ süße Sahne,*
- *weißer Pfeffer aus der Mühle,*
- *gemahlener Koriander,*
- *2 große Zucchini,*
- *15 g Butter,*
- *300 g TK-Blattspinat,*
- *125 g Steinchampignons,*
- *geriebene Muskatnuß.*

Die Merlanfilets kurz abspülen, trockentupfen und schwach gesalzen 15 Minuten ins Gefrierfach legen. Dann zusammen mit dem Eiweiß im Mixer pürieren. Nach und nach ⅛ l Sahne einlaufen lassen. Die Farce mit Salz, Pfeffer und Koriander pikant würzen und kühl stellen.
Die Zucchini von Blüten- und Stengelansätzen befreien, waschen und abtrocknen. Eine Frucht längs beidseitig abschneiden, dann den mittleren Teil in acht gleichmäßig lange Scheiben schneiden, das geht am besten mit der Aufschnittmaschine. Die Streifen mit der Fischfarce bestreichen, zu Röllchen drehen und mit Holzstäbchen zustecken. Die zweite Frucht würfeln oder in beliebige Formen schneiden.
Butter in der Form bei 100 Prozent in 1 Minute schmelzen lassen. Den unaufgetauten Spinat hineingeben und bei 100 Prozent in 3–4 Minuten auftauen lassen.
Nebenher die Champignons putzen und in dünne Scheiben schneiden.
Spinat mit Salz und Muskatnuß würzen. Pilze, Zucchini und Fischröllchen darauf anrichten, mit der restlichen Sahne umgießen und bei 100 Prozent 10 Minuten garen. Nach der Hälfte der Garzeit die Form um 180 Grad drehen.
Gesamtgarzeit: 14–15 Minuten.

Fischfilet auf Paprikapüree

4 Portionen
à ca. 1285 kJ (305 kcal)

Geschirr: zwei kleine Kasserollen, eine flache, ovale Form

- *4 Goldbarschfilets von je etwa 150 g,*
- *Zitronensaft,*
- *2 rote Paprikaschoten,*
- *2 gelbe Paprikaschoten,*
- *⅛ l trockener Weißwein,*
- *60 g Butter,*
- *Salz, weißer Pfeffer aus der Mühle,*
- *8 Frühlingszwiebeln,*
- *einige Kerbelblättchen,*
- *grob geschroteter Pfeffer.*

Die Fischfilets kurz abspülen, trockentupfen und mit Zitronensaft beträufeln.
Paprikaschoten putzen, waschen, grob würfeln. Getrennt voneinander in jeweils eine Kasserolle geben, mit je 2 Eßlöffel Wein beträufeln und mit Mikrowellenfolie überziehen. Nacheinander bei 100 Prozent in 3 Minuten garen.
Mit etwa 20 g Butter die ovale Form ausstreichen. Die Fischfilets einlegen, salzen, pfeffern und mit dem restlichen Wein umgießen. Mit Folie bedeckt bei 100 Prozent 5 Minuten dünsten, aus dem Fond heben und mit Folie bedeckt warm stellen. Fond abgießen.
10 g Butter bei 100 Prozent in der Form in 30 Sekunden erwärmen. Die geputzten Frühlingszwiebeln hineingeben, mit 4 Eßlöffel Fond beträufeln, salzen und pfeffern. Mit Folie überziehen und bei 100 Prozent 3½ Minuten dünsten.
Paprika getrennt im Mixer pürieren, dann durch ein Sieb streichen. Mit jeweils etwas Fischfond verrühren und die restliche Butter in Flöckchen einrühren. Mit Salz und Pfeffer würzen.
Die Fischfilets mit den Zwiebeln auf dem Püree anrichten. Mit Kerbel garnieren, mit Pfeffer bestreuen.
Gesamtgarzeit: 15 Minuten.

Kabeljau in Senfsoße

4 Portionen
à ca. 1200 kJ (285 kcal)

Geschirr: ein Teller, eine ovale oder viereckige Form

4 Kabeljaukoteletts von je 180 g,
Kräuteressig,
4 Kugeltomaten,
½ Bund Dill,
50 g Butter,
⅛ l trockener Weißwein,
⅛ l milde Fleischbrühe oder Fischfond (Fertigprodukt),
2 Teel. Dijon- oder Löwensenf,
1 Prise Zucker,
6 schwarze Pfefferkörner,
¼ Lorbeerblatt,
Salz, weißer Pfeffer aus der Mühle.

Die Kabeljaukoteletts abspülen, trockentupfen und mit etwas Essig beträufeln.

Tomaten waschen, mit einer Gabel mehrmals einstechen, in genügendem Abstand auf dem Teller anrichten und bei 100 Prozent 3 Minuten garen, bis die Haut aufgeplatzt ist. Die Tomaten abziehen, vierteln, entkernen und würfeln.
Nebenher den Dill abspülen, trockentupfen und grob zerschneiden.
Die Hälfte der Butter in der Form bei 100 Prozent 1 Minute erhitzen. Wein, Brühe oder Fond, Senf und Zucker einrühren. Pfefferkörner und Lorbeerblatt zufügen und alles bei 100 Prozent in 2 Minuten aufkochen. Die Fischkoteletts mit Salz und Pfeffer würzen und in die Form legen. Mit den Tomatenwürfeln und der Hälfte des Dills bestreuen. Mit Mikrowellenfolie überzogen bei 100 Prozent 4–5 Minuten garen. Dann aus dem Fond nehmen und zugedeckt warm stellen.
Das Lorbeerblatt entfernen. Die restliche Butter in Flöckchen in die Soße rühren und bei 50 Prozent noch 30 Sekunden erwärmen. Um die Kabeljaukoteletts gießen.
Gesamtgarzeit: 10–11 Minuten.

Lachs in Zitronensoße

4 Portionen
à ca. 1795 kJ (425 kcal)

Geschirr: eine flache oder ovale Schale

4 Lachskoteletts von je 180 g,
Kräuteressig,
1 unbehandelte Zitrone,
40 g Butter,
⅛ l trockener Weißwein,
⅛ l Fischfond (Fertigprodukt),
2 Eßl. süße Sahne,
Salz, weißer Pfeffer aus der Mühle,
1 Eigelb,
½ Teel. Dijon- oder Löwensenf,
1 Eßl. kleine Kapern,
1 Prise Zucker.

Lachskoteletts kurz abspülen, trockentupfen und mit etwas Essig einreiben.

Zitrone heiß waschen, die Schale hauchdünn abschälen, dann in feine Streifen schneiden. Die weiße Haut abziehen und die Fruchtfilets mit einem scharfen Messer aus den Trennhäuten lösen.
Die Hälfte der Butter in der Form bei 100 Prozent in 1½ Minuten aufschäumen lassen, mit Wein, Fond und Sahne vermischen. Lachs salzen, pfeffern, in die Form legen und zugedeckt bei 100 Prozent 5 Minuten garen. Aus dem Fond nehmen und warm stellen.
Eigelb mit Senf und etwas Fond verrühren, mit den abgetropften Kapern in den Fond geben. Fond mit Salz und Zukker abschmecken und bei 50 Prozent 1½ Minuten erwärmen. Restliche Butter in kleinen Flocken unterrühren. Soße um den Fisch gießen.
Dazu Salzkartoffeln reichen.
Gesamtgarzeit: 8 Minuten.
Variation: Ebenso können **Heilbuttsteaks** zubereitet werden. Die Garzeit ändert sich bei gleichem Gewicht nicht oder nur geringfügig, da auch dieser Fisch sehr fettreich ist.

Schollenfilet-röllchen

2 Portionen
à ca. 1835 kJ (435 kcal)

Geschirr: eine ovale Form

4 Schollenfilets von je etwa 75 g,
Zitronensaft,
2 Schalotten,
1 Knoblauchzehe,
40 g Butter,
300 g TK-Blattspinat,
30 g Mandelblättchen,
Salz, weißer Pfeffer aus der Mühle,
geriebene Muskatnuß,
4 Eßl. trockener Weißwein,
2 Eßl. süße Sahne.

Schollenfilets abspülen, trokkentupfen und mit Zitronensaft beträufeln.

Schalotten und Knoblauch schälen, Schalotten würfeln, Knoblauch fein hacken. Butter in der Form bei 100 Prozent in 1 1/2 Minuten aufschäumen lassen. 1 Eßlöffel abnehmen. Schalotten und Knoblauch in der Form bei 100 Prozent in 1 1/2 Minuten glasig braten. Den unaufgetauten Spinat zufügen und mit einem Blatt Haushaltspapier bedeckt bei 25 Prozent 5 Minuten auftauen lassen. Mit einer Gabel lockern.
Nebenher die Mandeln in einer Pfanne ohne Fettzugabe zart bräunen.
Die Schollenfilets salzen und pfeffern und mit der Hautseite nach innen zu Röllchen drehen.
Spinat mit Salz, Pfeffer und Muskatnuß würzen und mit Wein beträufeln. Mit den Mandelblättchen bestreuen und die Filetröllchen auf dem Spinat anrichten. Die abgenommene Butter und die Sahne verrühren und die Fischröllchen damit bestreichen. Bei 100 Prozent 5 Minuten garen. Mit Alufolie bedeckt 2 Minuten nachgaren lassen.
Dazu Salzkartoffeln reichen.
Gesamtgarzeit: 13 Minuten.

Kabeljau mit Pilzen

4 Portionen
à ca. 1330 kJ (315 kcal)

Geschirr: eine mittelhohe, große Schüssel

500 g Kabeljaufilet,
Kräuteressig,
200 ml Fischfond (Fertigprodukt),
1/10 l trockener Weißwein,
200 g weiße Champignons,
2 Schalotten,
40 g Butter,
20 g Mehl,
1/2 Becher süße Sahne (100 g),
Salz, weißer Pfeffer aus der Mühle,
1 Prise gemahlener Koriander,
1 Prise Zucker,
1/2 Teel. abgeriebene Zitronenschale.

Fischfilets abspülen, mit Haushaltspapier trockentupfen und mit Essig beträufeln. 5 Minuten ziehen lassen.

Fischfond und Wein in der Form bei 100 Prozent in 2 1/2 Minuten aufkochen. Die Fischstücke einlegen und mit einem Stück Haushaltspapier bedeckt bei 100 Prozent in 4 Minuten garziehen lassen. Den Fisch aus dem Sud nehmen und mit Folie bedeckt zur Seite stellen. Den Fond durch ein Sieb gießen.
Nebenher die Champignons putzen, mit einem Tuch abreiben und in dünne Scheiben schneiden. Die Schalotten schälen und sehr fein würfeln. Butter in der Form bei 100 Prozent in 1 1/2 Minuten aufschäumen lassen. Die Schalotten darin bei 100 Prozent in 2 Minuten glasig braten. Das Mehl einrühren und bei 50 Prozent 2 Minuten anschwitzen. Mit Fischfond und Sahne ablöschen und bei 50 Prozent 6 Minuten köcheln lassen. Dabei alle 2 Minuten umrühren. Mit Salz, Pfeffer, Koriander, Zucker und Zitronenschale abschmecken und die Pilze zufügen. Noch 3 Minuten bei 50 Prozent erhitzen, nach 1 Minute die in Stücke geteilten Fischfilets zufügen.
Gesamtgarzeit: 19 Minuten.

Gefüllte Forelle

2 Portionen
à ca. 1835 kJ (435 kcal)

Geschirr: eine flache Gemüseschale, eine tiefe, ovale Platte

2 küchenfertige Forellen von je etwa 250 g,
Zitronensaft, Salz,
weißer Pfeffer aus der Mühle,
2 junge Stangen Lauch (Porree),
4 Möhren,
4 Kartoffeln von je etwa 100 g,
40 g Butter,
4 Eßl. Gemüsebrühe aus Würfeln,
4 Eßl. trockener Weißwein,
4 dünne Scheiben durchwachsener Speck.

Forellen innen und außen abspülen, mit Haushaltspapier trockentupfen, mit Zitronensaft einpinseln, schwach salzen und pfeffern.
Lauch putzen, waschen, abtropfen lassen und in dünne Ringe schneiden.
Möhren und Kartoffeln schälen, Möhren in Scheiben, Kartoffeln in Würfel schneiden.
20 g Butter in der Gemüseschale bei 100 Prozent in 1 Minute schmelzen lassen. Das Gemüse hineingeben, dabei die Kartoffeln an den Außenrand legen, dann die Möhrenscheiben hineingeben und die Lauchringe in die Mitte legen. Mit Salz und Pfeffer würzen, mit Brühe und Wein beträufeln und mit Mikrowellenfolie bedeckt bei 100 Prozent 4 Minuten vorgaren.
Die restliche Butter in der ovalen Platte 1 Minute erhitzen. Die Forellen mit dem Lauch füllen und in die Schale legen. Das übrige Gemüse mit dem Sud darum anrichten. Die Forellen mit der restlichen Butter in Flöckchen belegen und mit einem Stück Haushaltspapier bedeckt bei 100 Prozent 7 Minuten garen, dabei nach 3½ Minuten wenden.
Den Speck zwischen 2 Blättern Haushaltspapier bei 100 Prozent 2 Minuten braten. Auf die Forellen legen. Eventuell mit Petersilie bestreuen.
Gesamtgarzeit: 10½ Minuten.

Makrelen mit Knoblauchbutter

4 Portionen
à ca. 2680 kJ (635 kcal)

Geschirr: eine große rechteckige Schale, eine kleine Glasschale

- *1 Zitrone,*
- *4 küchenfertige Makrelen ohne Kopf von je 250 g,*
- *Salz,*
- *4 Knoblauchzehen,*
- *100 g Butter,*
- *1 Eßl. gehackte Petersilie,*
- *1 Eßl. gehackter Kerbel,*
- *1 Eßl. kleine Kapern,*
- *2 Eßl. Crème fraîche.*

Die Zitrone heiß waschen, abtrocknen und die Schale abreiben. Saft auspressen.

Makrelen waschen, mit Haushaltspapier trockentupfen, innen und außen salzen. Mit Zitronensaft beträufeln und so in die Schüssel legen, daß jeweils ein Kopf- und ein Schwanzstück nebeneinanderliegen.
Die geschälten Knoblauchzehen grob hacken, dann mit Salz zu einem Brei zerdrücken. Mit Butter und Kräutern in das Glasschälchen geben und bei 100 Prozent in 60 Sekunden zerlassen. Über die Makrelen gießen. Die Schale mit Mikrowellenfolie überziehen und die Makrelen bei 100 Prozent 4 Minuten garen. Dann einmal wenden und die Schüssel um 180 Grad drehen. Die Makrelen bedeckt weitere 5 Minuten garen. Anschließend 5 Minuten nachgaren lassen, häuten und auf einer Platte anrichten.
Den Sud mit den Kapern, der Zitronenschale und mit Crème fraîche verrühren. Mit Salz nachwürzen und um die Makrelen gießen.
Dazu neue Kartoffeln und Kopfsalat in Sahnesoße servieren.
Gesamtgarzeit: 10 Minuten.

Dorschfilet mit Tomaten und Käse

4 Portionen
à ca. 1875 kJ (445 kcal)

Geschirr: ein Teller, eine ovale oder rechteckige Form

- *600 g Dorschfilet (junger Kabeljau),*
- *2 Eßl. feinster Kräuteressig,*
- *500 g Kugeltomaten,*
- *1 Bund glatte Petersilie,*
- *200 g große, weiße Champignons,*
- *4 Schalotten,*
- *40 g Butter, Salz,*
- *weißer Pfeffer aus der Mühle,*
- *125 g frisch geriebener Emmentaler Käse,*
- *100 g Crème fraîche,*
- *4 Eßl. trockener Weißwein.*

Fischfilet kurz abspülen, trockentupfen und mit Kräuteressig bestreichen.
Die gewaschenen Tomaten oben über Kreuz leicht einschneiden, auf einem Teller anordnen und bei 100 Prozent etwa 3 Minuten garen, bis die Haut sich löst. Die Tomaten häuten (Vorsicht: sehr heiß).
Petersilie abspülen, trockentupfen und fein hacken. Die Hälfte zur Seite stellen. Die Champignons putzen, mit einem Tuch abreiben und mit dem Eischneider in Scheiben teilen.
Die Schalotten schälen, fein würfeln und in der Form in 20 g Butter bei 100 Prozent in 2 Minuten glasig braten. Die Fischfilets lagenweise einlegen, jeweils salzen und pfeffern und mit den zuvor längs in Scheiben geschnittenen Tomaten, den Pilzen, der gehackten Petersilie und jeweils etwas Käse bedecken. Crème fraîche, Wein und den restlichen Käse darüber verteilen. Die restliche Butter in Flöckchen daraufsetzen. Den Fisch mit Mikrowellenfolie überzogen bei 100 Prozent 10 Minuten garen. 3 Minuten nachgaren lassen, dann mit der restlichen Petersilie bestreut servieren.
Dazu schmeckt Reis.
Gesamtgarzeit: 13 Minuten.

Seezungenfilet auf Gurkengemüse

(im Foto rechts)

4 Portionen à ca. 1500 kJ (355 kcal)

Geschirr: eine große, ovale Form, eine kleine Schale mit Gießtülle, eine kleine Kasserolle

8 Seezungenfilets von je etwa 60 g,
Zitronensaft,
1 große Salatgurke,
Salz,
1/2 Bund Dill,
4 Schalotten,
50 g Butter,
6 Eßl. trockener Weißwein,
weißer Pfeffer aus der Mühle,
10 Safranfäden,
1/8 l süße Sahne,
2 Eigelb.

Seezungenfilets kurz abspülen, trockentupfen und mit Zitronensaft einstreichen.
Die Gurke schälen, längs halbieren und mit einem Löffel sorgfältig entkernen. Dann quer in schmale Streifen schneiden und mit etwas Salz vermischen.
Den Dill abspülen, trockentupfen und sehr fein schneiden.
Die Schalotten schälen und fein würfeln.
25 g Butter in der großen Form bei 100 Prozent in 1 1/2 Minuten aufschäumen lassen. Die Schalotten zufügen und bei 100 Prozent in 2 Minuten glasig braten. Erst jetzt die Gurken hineingeben, mit Wein beträufeln und mit Pfeffer würzen. Zugedeckt bei 100 Prozent 2 Minuten dünsten.
Die Seezungenfilets auf beiden Seiten mit Salz und Pfeffer schwach würzen, in der Hälfte zusammenklappen und auf das Gurkengemüse legen. Mit etwas Sud beträufeln und bei 100 Prozent offen 3 Minuten garen. Nach 1 1/2 Minuten die Fische einmal wenden und die Form um 180 Grad drehen. Anschließend mit Alufolie bedeckt warm halten.
Safranfäden im Mörser zerstoßen. Sahne in der Schale mit Gießtülle bei 100 Prozent 1 1/2 Minuten erhitzen und den Safran darin auflösen.
Die Eigelb in der kleinen Kasserolle mit 1 Teelöffel Zitronensaft verrühren, dann die heiße Sahne mit dem Schneebesen unterschlagen und flöckchenweise die Butter einrühren. Bei 50 Prozent 2 Minuten eindikken lassen, dabei einmal umrühren.
Gurkengemüse mit der Soße binden und das fertige Gericht nochmals bei 100 Prozent 1/2 Minute erwärmen.
Dazu Salzkartoffeln servieren.
Gesamtgarzeit: 10 1/2 Minuten.
Variationen: Für **Kabeljau auf Ratatouille** (im Foto in der Mitte) braten Sie in Scheiben geschnittene Auberginen und Zwiebelringe in reichlich Öl in einer Pfanne an. Dann zusammen mit in Scheiben geschnittenen Zucchini, ganz feinen Streifen von grüner Paprikaschote und reichlich entkernten, gewürfelten Tomaten in die Form legen. 4 zuvor gesäuerte, mit Salz und Pfeffer gewürzte Kabeljaufilets darauflegen. Mit etwas Wein und Olivenöl beträufeln und mit Mikrowellenfolie bedeckt bei 100 Prozent etwa 6 Minuten garen.
Für **Schollenfilets auf Spinat** (im Foto links) bereiten Sie 600 g TK-Blattspinat wie auf Seite 42 beschrieben mit etwas Wein und Sahne vor. In etwas Butter die Streifchen (Julienne) von 2 Möhren und 1 in Scheiben geschnittenen Stange Lauch (Porree) bei 100 Prozent 1 Minute dünsten. Zum Spinat geben. Die gesäuerten, mit Salz und Pfeffer gewürzten Schollenfilets auf dem Spinat anrichten, mit etwas Butter beträufeln und bei 100 Prozent 4 Minuten garen. Dann wenden, mit beliebig gewürzter Crème fraîche gleichmäßig überziehen und bei 75 Prozent noch 2 Minuten garen.

Gehen Sie
auf Entdeckungsreise in
Sachen Fleisch:
ob deftig, würzig oder
auch fruchtig –
vielseitig und abwechs-
lungsreich
zubereitet schmeckt es immer

Rezept nächste Seite

Fleisch von seiner besten Seite

Marinierter Schmorbraten

4 Portionen
à ca. 2065 kJ (490 kcal)

Geschirr: ein Bratbeutel, eine flache Keramik- oder Glaskasserolle

800 g gut abgehangenes Rindfleisch aus der Nuß,
1 Möhre,
1 Petersilienwurzel,
4 Schalotten,
1 Lorbeerblatt,
2 Zweige Thymian,
½ l kräftiger Rotwein,
2 cl Weinbrand,
Salz, weißer Pfeffer,
30 g Butter, 1 Eßl. Mehl,
2 Eßl. Crème fraîche,
1 Eßl. Johannisbeergelee.

Das Fleisch mit einem Tuch abreiben.
Möhre, Petersilienwurzel und Schalotten schälen und fein würfeln. Mit dem Lorbeerblatt und dem abgespülten Thymian in eine Schüssel geben. Das Fleisch darauflegen, mit Rotwein und Weinbrand übergießen. Zugedeckt über Nacht marinieren.
Am nächsten Tag das abgetropfte Fleisch mit Salz und Pfeffer einreiben und zusammen mit der Marinade in einen Bratbeutel geben und diesen mit einem Bindfaden oder Rouladengarn (nicht mit den üblichen Klips, sie enthalten Metall) verschließen und in die Kasserolle legen. Das Fleisch bei 100 Prozent 7 Minuten, dann bei 50 Prozent 45–50 Minuten garen. Das Fleisch aus dem Beutel nehmen und mit Folie bedeckt 10 Minuten stehen lassen.
Die Butter in der Kasserolle bei 100 Prozent in 2 Minuten aufschäumen, das Mehl einrühren und bei 100 Prozent 2 Minuten anschwitzen. Mit der durch ein Sieb gegossenen Marinade verrühren und bei 100 Prozent 5 Minuten kochen lassen.
Mit Crème fraîche, Johannisbeergelee, Salz und Pfeffer abschmecken und als Soße reichen.
Gesamtgarzeit: 61–66 Minuten.

Bunter Fleischtopf

4 Portionen
à ca. 2235 kJ (530 kcal)

Geschirr: eine ovale Schüssel mit Deckel, eine mittelhohe Servierschale

750 g Rinderhüfte,
1 Markknochen,
200 g Röhrenknochen,
1½ l heißes Wasser, Salz,
1 Bund Suppengrün,
10 Pfefferkörner,
200 g Blumenkohlröschen,
200 g Möhren,
150 g Knollensellerie,
½ junger Weißkohl von etwa 350 g,
2 Debrecziner oder andere Kochwurst mit Knoblauch, schwarzer Pfeffer aus der Mühle.

Das Fleisch mit einem Tuch abreiben. Zusammen mit den abgespülten Knochen in die ovale Schüssel legen. Das Wasser angießen und salzen. Geputztes, grob gewürfeltes Suppengrün und die Pfefferkörner zufügen und das Fleisch bei 50 Prozent zugedeckt 30 Minuten kochen. Dann einmal umdrehen, die Schüssel um 180 Grad drehen und das Fleisch bei 100 Prozent in 30 Minuten weich werden lassen.
Blumenkohlröschen waschen und abtropfen lassen. Möhren und Sellerie schälen. Die Möhren mit einem Buntmesser schräg in Scheiben, den Sellerie in Würfel schneiden. Den Kohl längs in vier Teile schneiden. In die Servierschale füllen. Fleisch aus der Schüssel nehmen, die Brühe durchsieben und etwa ¼ l über das Gemüse gießen. Mit Mikrowellenfolie bedeckt bei 100 Prozent 20 Minuten garen. Nach 8 Minuten einmal durchrühren, mit Salz und Pfeffer würzen und die geviertelten Würstchen zufügen. Das Fleisch in Scheiben schneiden und auf dem Gemüse anrichten und 3 Minuten erwärmen.
Gesamtgarzeit: 83 Minuten.
Hinweis: Die restliche Brühe mit Nudeln als Vorsuppe servieren.

Gefülltes Schweinefilet

4 Portionen
à ca. 2420 kJ (570 kcal)

Geschirr: ein ovales Bräunungsgeschirr mit Deckel

1 kleines Schweinenetz (beim Metzger vorbestellen),
8 große Weißkohlblätter,
Salz, 4 Schalotten,
200 g Champignons,
20 g Butter,
1 Eßl. Semmelbrösel,
2 Eßl. gehackte Petersilie,
weißer Pfeffer aus der Mühle,
2 Schweinefilets von je 300 g,
4 Eßl. halbtrockener Sherry,
1/4 l Fleischbrühe,
100 g Crème fraîche,
Worcestersauce.

Schweinenetz abspülen, trockentupfen und halbieren.
Kohlblätter in Salzwasser 3 Minuten blanchieren, abschrekken und abtropfen lassen. Schalotten schälen und fein würfeln. Champignons putzen und grob hacken.
Butter in dem Bräunungsgeschirr bei 100 Prozent 30 Sekunden erhitzen. Schalotten und Champignons darin bei 100 Prozent 2 1/2 Minuten dünsten. Mit Brösel und etwas Petersilie vermischen, mit Salz und Pfeffer abschmecken.
Filets in der Mitte längs tief einschneiden und mit der Farce füllen. Zuerst in die Kohlblätter, dann in die mit Salz und Pfeffer bestreuten Schweinenetzhälften einrollen.
Geschirr trocken bei 100 Prozent 3 Minuten erhitzen. Fleisch einlegen und bei 100 Prozent zugedeckt 10 Minuten garen. Das Fleisch wenden und Sherry angießen. Nochmals 5 Minuten bei 100 Prozent garen. Fleisch mit Alufolie bedeckt warm stellen.
Fleischbrühe und Crème fraîche in den Fond einrühren, bei 50 Prozent 5 Minuten kochen, dabei zweimal umrühren. Mit Salz, Pfeffer und Worcestersauce abschmecken, mit Petersilie bestreuen.
Dazu geschmorte Gurkenkugeln reichen.
Gesamtgarzeit: 26 Minuten.

Kalbsbraten mit Gemüse

(ohne Abbildung)

4 Portionen
à ca. 1855 kJ (440 kcal)

Geschirr: ein mittelhoher Bräunungstopf

800 g Kalbsbraten aus dem Nacken,
1 Eßl. Distelöl,
Paprika edelsüß,
Paprika rosenscharf,
4 Stengel Thymian, Salz,
300 g Möhren,
2 kleine Zucchini von je 150 g,
6 Frühlingszwiebeln,
100 g Crème fraîche,
1/10 l trockener Weißwein,
1 Teel. heller Soßenbinder.

Den Kalbsbraten mit einem Tuch abreiben. Das Öl mit etwa 1 Teelöffel Paprika edelsüß, 1/2 Teelöffel Paprika rosenscharf, den abgespülten, abgezupften Thymianblättchen und beliebig viel Salz verrühren. Das Fleisch damit rundherum einstreichen und in den ovalen Bräunungstopf legen. Bei 50 Prozent 20 Minuten vorgaren.
Die Möhren schälen oder schaben und schräg in dünne Scheiben schneiden. Die Zucchini putzen, waschen und in 5 mm dicke Scheiben teilen. Die Frühlingszwiebeln auch putzen und in 3 cm lange Stükke schneiden.
Den Braten wenden und mit Bratensaft übergießen. Dann bei 100 Prozent noch 15 Minuten nachgaren. Nach 5 Minuten das Gemüse über das Fleisch schichten. Dabei außen mit den Möhren beginnen, dann die Zucchinischeiben und in die Mitte die Zwiebelstücke geben. Mit etwas Bratensaft beträufeln. Das Fleisch in der geschlossenen Form 5 Minuten nachgaren lassen. Mit dem Gemüse umlegt auf einer Platte anrichten. Warm stellen.
Crème fraîche, Wein, Soßenbinder und 1 Teelöffel Paprika edelsüß vermischen und in den Bratfond rühren. Bei 100 Prozent 2 Minuten kochen, mit Salz und Paprika rosenscharf abschmecken und als Soße getrennt dazu reichen.
Gesamtgarzeit: 37 Minuten.

Kalbshaxen in Orangensoße

4 Portionen
à ca. 1720 kJ (410 kcal)

Geschirr: eine große ovale oder rechteckige Form

2 dicke Scheiben Kalbshinterhaxe von je 600 g,
2 Knoblauchzehen, Salz,
schwarzer Pfeffer aus der Mühle,
40 g Butterschmalz,
200 ml Kalbsfond (Fertigprodukt),
1 unbehandelte Orange,
5 cl trockener Sherry (Fino),
2 Teel. heller Soßenbinder.

Haxenscheiben mit einem Tuch abreiben. Knoblauchzehen schälen, in dünne Stifte schneiden und rund um den Knochen tief in die Haxen stekken. Die Haxen mit Salz und Pfeffer einreiben.
Butterschmalz in einer Pfanne erhitzen und die Fleischscheiben darin auf beiden Seiten in 5 Minuten kräftig anbraten. Dann herausnehmen und in die Form legen.
Das Bratfett abgießen, den Bratensatz mit 6 Eßlöffel Kalbsfond ablöschen und um die Haxen gießen. Die Form mit Mikrowellenfolie überziehen und die Haxen bei 50 Prozent 60 Minuten braten. Dabei nach 20 und nach 40 Minuten wenden und die Form nach 30 Minuten um 180 Grad drehen.
Die Orange heiß waschen. Von einer Hälfte die Schale mit einem Juliennekratzer abziehen. Die Orange halbieren. Die geschälte Hälfte auspressen, die andere in dünne Scheiben schneiden. 5 Minuten vor Ende der Garzeit die Scheiben zum Fleisch geben. Anschließend das Fleisch mit Alufolie bedeckt warm stellen.
Restlichen Kalbsfond, Orangensaft, Sherry und Soßenbinder in den Fond einrühren und bei 100 Prozent 5 Minuten kochen, dabei einmal umrühren. Um die Haxen gießen.
Dazu schmeckt Ratatouille.
Gesamtgarzeit: 65 Minuten.

Gekräutertes Rinderfilet

4 Portionen
à ca. 1245 kJ (295 kcal)

Geschirr: eine Bräunungskasserolle

600 g sehr gut abgehangenes Rinderfilet,
2 Knoblauchzehen, Salz,
2 Zweige Rosmarin,
4 Zweige Thymian,
2 Zweige Oregano,
2 Eßl. Traubenkernöl,
weißer Pfeffer aus der Mühle,
1/8 l Rinderfond (Fertigprodukt),
1/8 l trockener Roséwein,
1 Teel. Speisestärke,
4 Eßl. süße Sahne,
einige Tropfen Worcestersauce,
1 Prise Zucker.

Das Fleisch mit einem Tuch abreiben und von eventuellen Sehnen befreien.
Knoblauch schälen, grob hakken und mit Salz zu einem Brei zerdrücken. Die Kräuter abspülen, trockentupfen und nicht zu fein hacken. Mit dem Öl und dem Knoblauchbrei verrühren, das Fleisch damit einstreichen und zugedeckt über Nacht beizen.
Die Bräunungskasserolle bei 100 Prozent 4 Minuten vorheizen. Das Fleisch mit Salz und Pfeffer würzen und in das Geschirr einlegen. Bei 100 Prozent 6 Minuten braten, dann wenden und noch weitere 6 Minuten garen. Eventuell mit einem Bratthermometer arbeiten (siehe Seite 10). Das Fleisch in Alufolie einwickeln und etwa 10 Minuten ruhen lassen.
Rinderfond und Wein in die Schale gießen und bei 100 Prozent in etwa 2 Minuten zum Kochen bringen.
Speisestärke und Sahne verrühren, in den Fond einrühren und bei 100 Prozent 2 Minuten kochen lassen. Die Soße durch ein Sieb gießen und mit Worcestersauce, Zucker, Salz und Pfeffer abschmecken.
Als Beilage eine Gemüseplatte und Salzkartoffeln reichen.
Gesamtgarzeit: 20 Minuten.

Kaninchen Südtiroler Art

4 Portionen
à ca. 2490 kJ (590 kcal)

Geschirr: ein Teller, ein runder Knuspertopf

1 küchenfertiges Kaninchen von 1600 g, in 8 Stücke zerteilt,
Salz, Paprika rosenscharf,
750 g vollreife Fleischtomaten,
1 Bund Frühlingszwiebeln mit großen Knollen,
50 g Butter,
1 Zweig Rosmarin,
4 Zweige Thymian,
½ Lorbeerblatt,
4 Eßl. Südtiroler Rotwein.

Die Kaninchenstücke abspülen, trockentupfen und mit Salz und Paprika einreiben.
Die gewaschenen Tomaten mehrmals mit einer Gabel einstechen. Auf den Teller mit genügendem Abstand setzen und bei 100 Prozent 3 Minuten erhitzen, bis die Haut platzt. Die Tomaten häuten, vierteln, entkernen und das Fruchtfleisch fein würfeln.
Die Frühlingszwiebeln putzen. Die weißen Knollen im Ganzen lassen, die Stengel in Ringe schneiden.
Die Butter im Knuspertopf bei 100 Prozent in 1½ Minuten aufschäumen lassen, die Zwiebelknollen hineingeben und in 2 Minuten glasig werden lassen. Die Zwiebeln in die Mitte schieben, die Kaninchenteile an den Topfrand legen und zugedeckt bei 50 Prozent 25 Minuten anbraten, dabei nach 12 Minuten wenden. Tomaten, die abgespülten Kräuter, Lorbeerblatt und Rotwein zufügen, mit Salz und Paprika rosenscharf würzen und das Kaninchen zugedeckt bei 100 Prozent noch 15 Minuten garen.
Dazu in Butter geschwenkte Salzkartoffeln reichen.
Gesamtgarzeit: 46½ Minuten.

Schinken-Lauch-röllchen

4 Portionen
à ca. 2405 kJ (570 kcal)

Geschirr: eine Gratinform

4 Stangen Lauch (Porree),
40 g Butter,
6 Eßl. trockener Weißwein,
4 große Scheiben Bauerngeräuchertes oder gekochter Schinken von je 50 g,
3 Eier,
1/4 Milch,
1/8 l süße Sahne,
75 g geriebener Parmesan,
Salz, weißer Pfeffer aus der Mühle,
geriebene Muskatnuß,
75 g geriebener Emmentaler Käse.

Lauch putzen, offene Blatteile entfernen. Lauch waschen und abtropfen lassen.
Butter in der Gratinform bei 100 Prozent in 1 1/2 Minuten aufschäumen lassen. Den Lauch einlegen, mit Wein beträufeln und mit Mikrowellenfolie bedeckt bei 100 Prozent 4 Minuten vorgaren, dabei nach 2 Minuten einmal wenden. Dann jede Stange in eine Fleischscheibe einwickeln und wieder in die Form legen.
Eier, Milch, Sahne und Parmesan verquirlen. Mit Salz, Pfeffer und Muskatnuß abschmecken und über die Lauchröllchen gießen. Mit einem Stück Haushaltspapier bedeckt bei 50 Prozent in 6–8 Minuten stocken lassen. Dabei nach 4 Minuten die Form um 180 Grad drehen. Den Emmentaler Käse über die Lauchröllchen streuen. Im Kombigerät nun den Grill einschalten. Oder unter den normalen Grill schieben. Etwa 3 Minuten überbacken, bis der Käse eben zu zerlaufen beginnt.
Dazu schmecken Pell- oder Salzkartoffeln.
Gesamtgarzeit: 11 1/2 – 13 1/2 Minuten.

Hackbällchen mit Auberginen

4 Portionen
à ca. 2745 kJ (650 kcal)

Geschirr: eine mittelhohe Schüssel, eine große, flache Platte

500 g Auberginen, Salz,
1 altbackenes Brötchen,
4 Eßl. Öl,
4 Zwiebeln,
1/2 Bund Petersilie,
1/2 Bund gemischte Kräuter der Saison,
375 g Rinderhackfleisch,
1 großes Ei,
2 Teel. kleine Kapern,
weißer Pfeffer aus der Mühle,
geriebene Muskatnuß,
1/4 l Rotwein,
200 g passierte Tomaten (Fertigprodukt),
200 g Crème fraîche.

Auberginen putzen und in mundgerechte Würfel schneiden. Mit Salz bestreut 20 Minuten Wasser ziehen lassen.
Das Brötchen in Wasser einweichen. In der Schüssel das Öl bei 100 Prozent 1 Minute erhitzen, gewürfelte Zwiebeln zugeben und in 3 Minuten bei 100 Prozent glasig braten. Die Hälfte der Zwiebeln zusammen mit der Hälfte der zuvor gehackten Kräuter unter das Rindfleisch mischen. Das ausgedrückte Brötchen, das Ei und 1 Teelöffel Kapern unterkneten. Die Masse mit Salz, Pfeffer und Muskat abschmecken und zu 16 Bällchen formen. Bällchen auf die Platte legen und mit Haushaltspapier bedeckt bei 100 Prozent 6 Minuten garen. Nach 3 Minuten wenden.
Wein, Tomaten und Crème fraîche unter die zurückgelegten Zwiebeln mischen, die abgespülten, abgetropften Auberginen zufügen und bei 100 Prozent 5 Minuten garen, zweimal umrühren, dann salzen und pfeffern. Restliche Kräuter, Kapern und die Bällchen zufügen und alles bei 100 Prozent noch 2 Minuten garen.
Gesamtgarzeit: 17 Minuten.

Kalbs-rouladen

4 Portionen
à ca. 1390 kJ (330 kcal)

Geschirr: eine flache Bräunungsschale mit Deckel

20 g getrocknete Steinpilze,
1 Bund gemischte Kräuter der Saison,
100 g Kalbsleber,
2 Schalotten,
20 g Butter,
1 Becher Crème fraîche,
1 Teel. scharfer Senf,
1 Eßl. gehackte Pistazien,
Salz, weißer Pfeffer aus der Mühle,
geriebene Muskatnuß,
4 dünne Kalbsschnitzel von je 120 g.

Die Steinpilze mit 200 ml kochendem Wasser übergießen und 30 Minuten quellen lassen. Abgespülte Kräuter fein hakken. Kalbsleber mit Haushaltspapier abreiben, von Sehnen und Häuten befreien und grob hacken.
Geschälte Schalotten fein würfeln. Butter in der Schale bei 100 Prozent 1 Minute erhitzen, Schalotten zufügen und bei 100 Prozent in 2 Minuten glasig werden lassen. Leber zufügen und 30 Sekunden Farbe nehmen lassen. Mit 1 Eßlöffel Crème fraîche, den Kräutern, dem Senf und den Pistazien vermengen. Mit Salz, Pfeffer und Muskatnuß abschmecken.
Schnitzel zwischen Pergamentpapier so dünn wie möglich klopfen. Mit der Leberfarce bestreichen, zusammenrollen und mit Holzstäbchen oder Rouladennadeln zustecken.
Die Bräunungsschale bei 100 Prozent 2 Minuten erhitzen. Rouladen hineingeben und zugedeckt bei 50 Prozent 10 Minuten garen. Dann wenden und bei 100 Prozent noch 5 Minuten offen garen. Auf einer Platte warm stellen.
Abgetropfte Pilze hacken. Mit dem Einweichwasser und der restlichen Crème fraîche bei 100 Prozent 5 Minuten einkochen lassen. Zweimal umrühren, salzen, pfeffern und um das Fleisch gießen.
Gesamtgarzeit: 23 1/2 Minuten.

Filet-spitzen mit Wein-kartoffeln

4 Portionen
à ca. 2310 kJ (550 kcal)

Geschirr: eine Gratinform, ein flacher Schmortopf

750 g vorwiegend festkochende Kartoffeln,
3 mittelgroße Zwiebeln,
50 g Butter,
1/8 l Weißwein,
Salz, weißer Pfeffer aus der Mühle,
geriebene Muskatnuß,
400 g Rinderfilet,
150 g Crème fraîche,
1 Teel. Tomatenmark,
1 Teel. scharfer Senf,
3 kleine Dillgurken,
1 Eßl. Schnittlauchröllchen.

Kartoffeln schälen, in gleichmäßige Scheiben schneiden. Die Zwiebeln schälen und sehr fein würfeln.
Die Gratinform mit 10 g Butter ausfetten, Kartoffelscheiben dachziegelartig hineingeben und dazwischen die Zwiebeln streuen. Mit Wein begießen, mit Salz und Pfeffer bestreuen und mit 15 g Butter in kleinen Flöckchen belegen. Mit einem Stück Haushaltspapier bedeckt bei 100 Prozent 12 Minuten garen. Nach 5 Minuten die Form um 180 Grad drehen. Fertige Kartoffeln warm stellen.
Das Filet wenn nötig häuten, dann gegen die Faser in dünne Streifen schneiden.
Restliche Butter bei 100 Prozent im Schmortopf 1 Minute erhitzen, die übrigen Zwiebeln zufügen und in 2 Minuten glasig werden lassen. Fleisch, Crème fraîche, Tomatenmark und Senf zufügen und vermischen. Zugedeckt bei 100 Prozent 5 Minuten schmoren, nach 2 1/2 Minuten umrühren. Mit Salz und Pfeffer würzen und die in Scheiben geschnittenen Dillgurken zufügen. Bei 100 Prozent noch 1 Minute garen. Abschmecken und eventuell nachwürzen.
Gesamtgarzeit: 21 Minuten.

Fleischbällchen im Gemüsebett

2 Portionen
à ca. 1120 kJ (265 kcal)

Geschirr: eine ovale Form

4 Schalotten,
10 g Butter,
250 g Tatar,
25 g geriebener Parmesan,
Salz, weißer Pfeffer
gemahlener Piment,
1 kleine Aubergine,
1 gelbe Paprikaschote,
2 Fleischtomaten,
2 kleine Zucchini,
2 Möhren,
50 g mit Paprika gefüllte Oliven,
2 Knoblauchzehen,
2 Eßl. Olivenöl,
200 g passierte Tomaten (Fertigprodukt).

Schalotten schälen und sehr fein würfeln. Butter bei 100 Prozent in 1 Minute schmelzen lassen, Schalotten zufügen und in 2 Minuten bei 100 Prozent glasig werden lassen.
Tatar mit Parmesan und Schalotten vermengen, mit Salz, Pfeffer und Piment würzen. Zu 8 Bällchen formen und kühl stellen. Aubergine putzen, waschen, in Stücke schneiden und mit Salz beträufeln.
Paprikaschote auf einem Stück Haushaltspapier bei 100 Prozent 4–5 Minuten erhitzen, dann häuten und würfeln. Die Tomaten einritzen, noch feucht mit Haushaltspapier abdecken und bei 100 Prozent 2–3 Minuten erhitzen, dabei einmal umdrehen. Dann abziehen, entkernen und in gleichmäßige Stücke schneiden.
Zucchini putzen, Möhren schaben, beides und die Oliven in Scheiben schneiden. Gemüse mit den abgespülten, abgetropften Auberginenstücken in die Form geben. Knoblauch darüberpressen. Öl und passierte Tomaten darübergeben, salzen und pfeffern. Fleischbällchen darauf verteilen und alles mit Mikrowellenfolie überzogen bei 100 Prozent in 8 Minuten garen. Nach 4 Minuten Gemüse einmal umrühren und die Fleischbällchen wenden.
Gesamtgarzeit: 17–19 Minuten.

Kalbsfrikassee

(ohne Abbildung)

4 Portionen
à ca. 1710 kJ (405 kcal)

Geschirr: eine große Schüssel mit Deckel

4 Frühlingszwiebeln,
30 g Butter,
600 g Kalbfleisch aus dem Nacken,
Salz, weißer Pfeffer aus der Mühle,
400 ml Kalbsfond (Fertigprodukt) oder milde Fleischbrühe,
600 g TK-Mischgemüse,
4 Eßl. heller Soßenbinder,
50 g Crème fraîche,
Worcestersauce.

Frühlingszwiebeln putzen und in feine Ringe schneiden.
Butter in der Schüssel bei 100 Prozent 1½ Minuten erhitzen, die Zwiebeln zufügen und bei 100 Prozent in 2 Minuten glasig werden lassen.
Das abgeriebene, in mundgerechte Stücke geschnittene Fleisch in die Schüssel geben, salzen und pfeffern und zugedeckt bei 50 Prozent 8 Minuten garen. Den Kalbsfond unterrühren und alles bei 100 Prozent 8 Minuten kochen. Dabei einmal rühren.
Das unaufgetaute Gemüse unter das Fleisch mischen. Zugedeckt bei 50 Prozent weitere 8 Minuten garen, dabei nach 4 Minuten einmal umrühren.
Soßenbinder und Crème fraîche unter das Frikassee mischen, bei 100 Prozent in 5–6 Minuten zu Ende garen. Dabei zweimal umrühren. Mit Salz, Pfeffer und Worcestersauce abschmecken.
Dazu schmeckt körniger Reis.
Gesamtgarzeit: 32½–33½ Minuten.

TIP Sie können 100 ml Kalbsfond durch einen kräftigen, trockenen Weißwein ersetzen. Dann noch mit einer Prise Zucker würzen. Oder Sie geben etwas abgeriebene Zitronenschale an das Gericht.

Rinderrouladen

4 Portionen
à ca. 2510 kJ (595 kcal)

Geschirr: eine flache rechteckige Schale

- *1 dünne Stange Lauch (Porree),*
- *100 g Knollensellerie,*
- *1 Möhre,*
- *1 Zwiebel,*
- *1 Bund gemischte Kräuter der Saison,*
- *40 g Butter,*
- *Salz, weißer Pfeffer,*
- *1 Eßl. Mehl,*
- *1/8 l Rinderfond (Fertigprodukt),*
- *1/8 l Rotwein,*
- *4 Rindsrouladen,*
- *8 dünne Scheiben Räucherspeck,*
- *1 Teel. Tomatenmark,*
- *2 Eßl. Crème fraîche.*

Den Lauch putzen. Sellerie, Möhre und Zwiebel schälen. Alles fein würfeln. Kräuter abspülen, trockentupfen und mittelgrob hacken.

20 g Butter bei 100 Prozent in der Schale erhitzen, Gemüse und Kräuter zufügen, weitere 2 Minuten bei 100 Prozent andünsten, dann herausnehmen, mit Salz und Pfeffer würzen.

Restliche Butter bei 100 Prozent 1 Minute aufschäumen lassen, das Mehl einrühren und 1 Minute bei 100 Prozent rösten. Dann den Rinderfond und Rotwein einrühren und bei 100 Prozent 3 Minuten kochen lassen.

Rouladen ausbreiten, mit Salz und Pfeffer würzen, mit je 2 Speckscheiben und der Gemüse-Kräuter-Mischung belegen. Zusammenrollen, mit Holzstäbchen zustecken und in die Form legen. Mit Soße überziehen. 5 Minuten bei 100 Prozent angaren, dann bei 50 Prozent in 20 Minuten fertig garen. Dabei einmal mit Soße überziehen und die Schale um 180 Grad drehen. Rouladen herausnehmen und 5 Minuten ruhen lassen. Soße mit Tomatenmark und Crème fraîche verrühren, bei 100 Prozent 1 Minute kochen lassen.

Dazu Spätzle und Gewürzgurken reichen.

Gesamtgarzeit: 33 Minuten.

Lammkeule mit Mandelfüllung

4 Portionen
à ca. 3585 kJ (850 kcal)

Geschirr: eine Bräunungskasserolle

- *800 g Lammkeule ohne Knochen,*
- *2 Knoblauchzehen,*
- *Salz,*
- *50 g geschälte Mandeln,*
- *1/2 Bund glatte Petersilie,*
- *1 Teel. Dijon- oder Löwensenf,*
- *weißer Pfeffer aus der Mühle,*
- *2 Zwiebeln,*
- *50 g Butter,*
- *1/8 l Gemüsesaft,*
- *1/8 l Fleischbrühe,*
- *1/8 l süße Sahne,*
- *4 Zweige frische Minze.*

Die Keule mit einem Tuch abreiben. Die Fettschicht mit einem Messer rautenförmig einschneiden und das Fleisch mit der Fettseite nach unten auf der Arbeitsplatte ausbreiten. Die geschälten Knoblauchzehen mit Salz im Mörser zerstoßen, die Mandeln und die abgespülte, trockengetupfte Petersilie fein hacken.

Das Fleisch mit Senf einstreichen, Knoblauch, Mandeln und Petersilie darüber verteilen. Das Fleisch zusammenrollen und mit Rouladengarn umwickeln. Mit Salz und Pfeffer einreiben.

Die Zwiebeln schälen und würfeln. Die Butter in der Kasserolle bei 100 Prozent 2 Minuten erhitzen, die Zwiebeln zufügen und ebenfalls bei 100 Prozent 2 Minuten anbraten.

Das Fleisch zufügen, 5 Minuten bei 100 Prozent anbraten, dann bei 50 Prozent noch 25 Minuten braten. Dabei einmal wenden. Das Fleisch herausnehmen und mit Alufolie bedeckt 10 Minuten ruhen lassen.

Saft, Brühe und Sahne in der Kasserolle bei 100 Prozent 5 Minuten kochen. Mit Salz und Pfeffer abschmecken und mit gehackter Minze bestreut getrennt als Soße reichen.

Dazu Nudeln und grüne Bohnen servieren.

Gesamtgarzeit: 39 Minuten.

Mastochsenkeule

4 Portionen
à ca. 1500 kJ (355 kcal)

Geschirr: ein runder Knuspertopf

600 g Keule vom Jungmastochsen, ersatzweise Rindernuß,
Salz, weißer Pfeffer aus der Mühle,
Paprika edelsüß,
1 Zweig Rosmarin,
8 Schalotten,
20 g Butterschmalz,
1 Stange Bleichsellerie,
4 junge Möhren,
300 ml Rinderfond (Fertigprodukt) oder klarer Bratensaft aus Würfeln,
1/10 l Madeira,
1 Eßl. dunkler Soßenbinder,
einige Tropfen Worcestersauce.

Die Keule mit einem Tuch abreiben, mit Salz, Pfeffer und Paprika einreiben und mit dem Rosmarinzweig belegt 2 Stunden im Knuspertopf ruhen lassen. Dann bei 50 Prozent zugedeckt 20 Minuten garen.
Schalotten schälen und längs vierteln. Butterschmalz in einer Pfanne erhitzen und die Schalotten goldbraun rösten.
Sellerie putzen, waschen und abtropfen lassen. Möhren schälen oder schaben. Beides in beliebig große Stücke schneiden. Zusammen mit den Schalotten um das zuvor einmal gewendete Fleisch legen und 100 ml Fond angießen. Bei 100 Prozent nochmals 20 Minuten garen. Nach 10 Minuten einmal wenden.
Fleisch und Gemüse aus dem Topf nehmen und auf einer Platte mit Alufolie bedeckt warm halten.
Soßenbinder mit dem restlichen Fond und dem Madeira verrühren, in den Topf geben und offen bei 100 Prozent 5 Minuten kochen, dabei zweimal umrühren. Mit Salz, Pfeffer und Worcestersauce würzen und als Soße zum Fleisch reichen.
Gesamtgarzeit: 45 Minuten.

Rindersteaks in Madeirasoße

4 Portionen
à ca. 2680 kJ (635 kcal)

Geschirr: eine flache Kasserolle

4 Rindersteaks von je 180 g,
200 g kleine Schalotten,
2 kleine Lorbeerblätter,
4 Zweige Tymian,
1/2 Teel. grob geschroteter schwarzer Pfeffer,
1/8 l Madeira,
100 g Räucherspeck in dünnen Scheiben, Salz,
1/4 l Fleischbrühe,
1/2 Becher süße Sahne (100 ml),
3 Teel. Speisestärke,
2 cl Cognac,
einige Tropfen Tabascosauce.

Steaks mit einem Tuch abreiben, eventuellen Fettrand mit einem scharfen Messer einige Male einschneiden. Mit den geschälten Schalotten in eine flache Schüssel legen, Lorbeerblätter, abgespülten Thymian und Pfeffer zufügen. Den Madeira angießen und das Fleisch 4–5 Stunden marinieren.
Den Speck nebeneinander in die Kasserolle legen. Mit einem Stück Haushaltspapier abdekken und 2 Minuten bei 100 Prozent braten. Herausnehmen und beiseite stellen.
Fleisch und Zwiebeln ins Speckfett geben, 4 Minuten bei 100 Prozent vorgaren. Dann salzen, wenden und auch die zweite Seite salzen.
Lorbeerblätter und Thymian aus der Marinade nehmen und diese über das Fleisch gießen. Zugedeckt bei 50 Prozent 30 Minuten schmoren. Nach 15 Minuten wenden. Das Fleisch herausnehmen und warm stellen.
Brühe, Sahne und Speisestärke in den Fond einrühren und bei 100 Prozent 2 Minuten als Soße kochen. Mit Salz, Cognac und Tabascosauce abschmekken. Speckscheiben noch mal auf Haushaltspapier bei 100 Prozent 30 Sekunden braten und auf das Fleisch legen.
Gesamtgarzeit: 38 1/2 Minuten.

Schusterkarbonade mit Möhrengemüse

4 Portionen
à ca. 2660 kJ (630 kcal)

Geschirr: eine halbhohe Schüssel, ein Mikrowellenrost aus Kunststoff

- *1/2 Bund Kräuter der Provence,*
- *2 Knoblauchzehen, Salz,*
- *4 Scheiben durchwachsener Schweinebauch von je 150 g,*
- *500 g junge Möhren,*
- *2 kleine Zwiebeln,*
- *30 g Butter,*
- *1 Prise Zucker,*
- *weißer Pfeffer aus der Mühle,*
- *4 Eßl. Fleischbrühe,*
- *2 Eßl. trockener Weißwein,*
- *einige Tropfen Worcestersauce.*

Kräuter abspülen, trockentupfen und hacken. Knoblauch schälen, grob hacken und mit Salz zu einem Brei zerdrücken. Fleischscheiben quer halbieren, mit Kräutern und Knoblauch einreiben und zugedeckt 2 Stunden ziehen lassen.
Möhren schälen oder schaben und in dünne Scheiben schneiden. Zwiebeln schälen und sehr fein würfeln.
Butter in der Schüssel bei 100 Prozent in 1 1/2 Minuten aufschäumen lassen, die Zwiebeln zufügen und in 2 Minuten glasig braten. Die Möhren in die Schüssel geben, mit Zukker, Salz und Pfeffer würzen und mit Mikrowellenfolie bedeckt 5 Minuten garen. Dann erst Fleischbrühe und Wein unterrühren und die Möhren noch 3 Minuten bei 100 Prozent garen. Dabei einmal umrühren.
Fleisch mit Worcestersauce beträufeln, auf den Rost legen und mit Haushaltspapier bedeckt bei 50 Prozent 5 Minuten braten, dabei einmal wenden.
Mit dem Möhrengemüse und Kartoffelpüree servieren.
Gesamtgarzeit: 16 1/2 Minuten.

Hähnchenkeulen mit Weinsoße

4 Portionen
à ca. 2090 kJ (495 kcal)

Geschirr: ein flacher Knuspertopf mit Deckel

4 Hähnchenkeulen von je 200 g, Salz,
weißer Pfeffer aus der Mühle,
50 g Butterschmalz,
4 Schalotten,
1 Knoblauchzehe,
4 Zweige Thymian,
3/8 l trockener Weißwein,
200 g kleine Champignons,
je 1/2 grüne, rote und gelbe Paprikaschote,
5 Eßl. süße Sahne,
1 Teel. heller Soßenbinder,
einige Kerbelblättchen.

Hähnchenkeulen abspülen, trockentupfen und die Haut abziehen. Haut beiseite legen. Keulen mit einem Messer einige Male einritzen, mit Salz und Pfeffer einreiben und in einem Bräter in 30 g Butterschmalz rundherum kurz anbräunen.
Das restliche Butterschmalz im Knuspertopf bei 100 Prozent in 1 Minute erhitzen. Die zuvor geschälten, gewürfelten Schalotten und den fein gehackten Knoblauch darin bei 100 Prozent in 2 Minuten glasig werden lassen. Keulen und die abgestreiften Thymianblättchen mit dem Wein in den Topf geben und zugedeckt bei 100 Prozent 12 Minuten garen.
Champignons putzen, abreiben und in Scheiben schneiden. Paprikaschoten entkernen, abspülen, abtropfen lassen und in feine Streifchen schneiden. Zu den Keulen geben und alles offen bei 100 Prozent noch 8 Minuten garen. Dann die Hähnchenkeulen aus dem Topf nehmen.
Sahne und Soßenbinder verquirlen, in den Topf einrühren und alles bei 100 Prozent noch 3 Minuten kochen.
Nebenher die in dünne Streifen geschnittene Haut in einer Pfanne knusprig braun rösten. Hähnchen damit garnieren.
Dazu Kräuterspätzle reichen.
Gesamtgarzeit: 26 Minuten.

Ente mit Apfelspalten

4 Portionen
à ca. 4200 kJ (995 kcal)

Geschirr: eine große ovale, feuerfeste Form

1 küchenfertige Ente von etwa 2 kg,
Salz, weißer Pfeffer aus der Mühle,
1 Teel. getrockneter Salbei,
3 Boscop-Äpfel,
je 1/2 Teel. gerebelter Thymian und Majoran,
1 Bund Suppengrün,
2 Schalotten,
1/8 l trockener Rotwein,
1/8 l Geflügelfond (Fertigprodukt) oder Fleischbrühe,
1 Eßl. dunkler Soßenbinder,
2 Eßl. Crème fraîche.

Ente innen und außen abspülen, trockentupfen, mit Salz, Pfeffer und nur innen mit Salbei einreiben.
Äpfel waschen, achteln, von Kerngehäusen, Blüten- und Stengelansätzen befreien. Mit Thymian und Majoran vermischen, die Ente damit füllen und zunähen. Zusammen mit dem geputzten, grob gewürfelten Suppengrün und Schalotten in die Form geben und zugedeckt bei 50 Prozent 30 Minuten garen.
Je die Hälfte Rotwein und Gemüsefond angießen, Ente bei 50 Prozent weitere 30 Minuten garen. Dann auf den mit Alufolie überzogenen Bratrost des Backofens legen und unter dem vorgeheizten Grill in 2–3 Minuten bräunen, dabei einmal wenden.
Bratfond entfetten, restlichen Geflügelfond, Wein und Soßenbinder einrühren und bei 100 Prozent 5 Minuten kochen lassen. Durch ein Sieb passieren, mit Crème fraîche verfeinern, mit Salz und Pfeffer abschmecken.
Ente tranchieren, mit den Apfelspalten umlegt servieren.
Soße und als Beilage Semmelknödel und Selleriegemüse getrennt reichen.
Gesamtgarzeit (ohne Grillzeit): 65 Minuten.

Poularde mit Mangosoße

4 Portionen
à ca. 2615 kJ (620 kcal)

Geschirr: ein flacher Knuspertopf

1 küchenfertige Poularde von etwa 1200 g,
Salz, weißer Pfeffer aus der Mühle, Currypulver,
40 g Butter,
2 Schalotten,
1 reife Mango,
1/8 l Orangensaft,
1/10 l Geflügelfond (Fertigprodukt),
1/10 l trockener Weißwein,
3 Teel. heller Soßenbinder,
1 Eßl. Mandelstifte.

Poularde in vier Teile zerlegen, abspülen, trockentupfen und mit Salz, Pfeffer und Curry einreiben.
Butter im Knuspertopf bei 100 Prozent in 1 1/2 Minuten aufschäumen lassen. Die zuvor geschälten, sehr fein gewürfelten Schalotten darin in 2 Minuten glasig werden lassen. In die Topfmitte schieben. Die Poulardenteile an den Rand legen und bei 100 Prozent zugedeckt 15 Minuten garen. Dabei nach 8 Minuten mit etwas Bratfond übergießen, wenden und die Form um 180 Grad drehen.
Die Mango schälen, das Fruchtfleisch in schmalen Spalten vom Kern ablösen. Um die Poulardenteile legen und je die Hälfte von Orangensaft, Geflügelfond und Wein angießen. Zugedeckt bei 100 Prozent noch 5 Minuten garen.
Poulardenteile und Mangospalten auf einer feuerfesten Platte anrichten und unter dem vorgeheizten Grill noch 3 Minuten übergrillen.
Soßenbinder mit der restlichen Flüssigkeit verquirlen, in den entfetteten Fond einrühren, und bei 100 Prozent 3 Minuten kochen. Dann durch ein Sieb passieren.
Mandelstifte in einer Pfanne rösten und die Poulardenteile damit bestreuen.
Gesamtgarzeit (ohne Grillzeit): 26 1/2 Minuten.

Hähnchenkeulen in Pfefferrahmsoße

4 Portionen
à ca. 2025 kJ (480 kcal)

Geschirr: eine flache Bräunungsschale

4 Hähnchenkeulen von je 200 g, Salz,
weißer Pfeffer aus der Mühle,
Currypulver,
30 g Butterschmalz,
2 Schalotten,
1 säuerlicher Apfel,
1/8 l Cidre,
1/8 l süße Sahne,
1/8 l Geflügelfond (Fertigprodukt) oder Hühnerbrühe aus Würfeln,
2 Teel. heller Soßenbinder,
1 Eßl. eingelegte grüne Pfefferkörner.

Hähnchenkeulen kurz abspülen, trockentupfen und mit Salz, Pfeffer und Curry einreiben.
Butterschmalz bei 100 Prozent in der Schale in 1 1/2 Minuten aufschäumen lassen. Die Keulen mit der Hautseite nach unten hineingeben und bei 100 Prozent zugedeckt 5 Minuten garen.
Schalotten und Apfel schälen und fein würfeln.
Keulen wenden, die Form um 180 Grad drehen. Schalotten und Apfel in die Mitte der Form schichten. Alles zugedeckt bei 100 Prozent weitere 10 Minuten garen. Die Keulen dabei noch zweimal wenden und die Form erneut drehen.
Keulen auf das mit Alufolie überzogene Backblech legen und unter dem vorgeheizten Grill 2–3 Minuten bräunen. Dann warm stellen.
Den Bratfond durch ein Sieb gießen, entfetten, mit Cidre, Sahne und Fond in der Form vermischen. Soßenbinder einstreuen und alles bei 100 Prozent 5 Minuten einkochen lassen. Die Soße mit Salz abschmecken und die abgetropften Pfefferkörner zufügen.
Dazu Reis und beliebiges Gemüse servieren.
Gesamtgarzeit (ohne Grillzeit): 21 1/2 Minuten.

Hähnchenbrust mit Limettensoße

4 Portionen
à ca. 1560 kJ (370 kcal)

Geschirr: ein kleines Portionspfännchen, ein Mikrowellenrost

4 Hähnchenbrustfilets ohne Knochen von je etwa 125 g,
2 Limetten,
Salz, weißer Pfeffer aus der Mühle,
150 g kleine Zwiebeln,
40 g Butter,
2 Eßl. Honig,
1 kräftige Prise Ingwerpulver, Currypulver,
2 säuerliche Äpfel,
1/2 Becher süße Sahne (100 g).

Die Brustfilets mit einem Tuch abreiben. Die Limetten heiß waschen und abtrocknen. Von einer die Schale abreiben und den Saft auspressen. Die andere schälen und das Fruchtfleisch würfeln. Filets mit Limettenschale, Salz und Pfeffer einreiben. Zwiebeln schälen und vierteln.
Butter und Honig in dem Pfännchen bei 100 Prozent in 1 1/2 Minuten erwärmen. Mit Ingwer, Curry und 1 Eßlöffel Limettensaft verrühren.
Filets mit der Hautseite nach oben auf den Rost legen und die Zwiebeln drum herum geben. Fleisch mit der Buttermischung übergießen und bei 100 Prozent 20 Minuten garen. Dabei zweimal wenden.
Äpfel schälen und das Fruchtfleisch mit einem Ausstecher zu Kugeln formen. Nach 10 Minuten zum Fleisch geben und mit dem restlichen Limettensaft beträufeln.
Fleisch, Apfelkugeln und Zwiebeln mit Alufolie bedeckt warm stellen. Bratfond in das Pfännchen gießen, mit der Sahne verrühren und bei 100 Prozent 2–3 Minuten einkochen lassen. Erst dann mit Salz und Pfeffer nachwürzen.
Als Beilage Reis und eventuell Rote-Bete-Gemüse reichen.
Gesamtgarzeit: 23 1/2–24 1/2 Minuten.

Hähnchenschlegel

(ohne Abbildung)

4 Portionen
à ca. 1225 kJ (290 kcal)

Geschirr: ein mittelhoher Bräunungstopf mit Deckel

25 g Butter,
2 Teel. Chinagewürz, Salz,
4 Hähnchenschlegel von je etwa 200 g,
2 dünne Stangen Lauch (Porree),
1 rote Paprikaschote,
200 g kleine Champignons,
2 Eßl. dunkle Sojasauce,
2 Eßl. Sake oder trockener Sherry (Fino),
4 Eßl. milde Fleischbrühe,
1 Teel. Speisestärke.

Butter im Topf bei 100 Prozent in 1 Minute zerlassen, mit Chinagewürz und Salz verrühren und die Hähnchenschlegel damit einpinseln. Dann mit der Oberseite nach unten in den Topf legen und zugedeckt bei 50 Prozent 15 Minuten vorgaren, dabei nach 10 Minuten wenden.
Nebenher den Lauch putzen, nur die hellen Teile verwenden, abspülen, abtropfen lassen und schräg in knapp 5 mm dikke Scheiben schneiden. Die Paprikaschote an den Nahtstellen aufschneiden, von den Samensträngen befreien, waschen und in nicht zu große Rauten schneiden. Die Champignons putzen, mit einem Tuch abreiben und vierteln.
Die Schenkel noch mal umdrehen, so daß die Oberseite wieder unten liegt. Das Gemüse, mit Paprika beginnend, von außen nach innen auf die Schenkel legen, dabei kommen die Pilze in die Mitte. Sojasauce und Sake oder Sherry angießen und alles zugedeckt bei 100 Prozent noch 10 Minuten garen. Brühe und Speisestärke verrühren.
Die Schlegel herausnehmen und auf einer Platte anrichten und mit Alufolie bedecken. Brühe unter das Gemüse rühren und offen bei 100 Prozent 2 1/2 Minuten kochen. Um die Schlegel verteilen.
Dazu Reis servieren.
Gesamtgarzeit: 28 1/2 Minuten.

Rehkeule in Pfeffersoße

4 Portionen
à ca. 2150 kJ (510 kcal)

Geschirr: eine flache Bräunungsschale

1 entbeinte Rehkeule von 800 g,
75 g fetter Speck,
8 Wacholderbeeren,
4 Pimentkörner,
1 Prise gerebelter Thymian,
Salz,
¼ Teel. grob geschroteter schwarzer Pfeffer,
50 g Butter,
¼ l trockener Roséwein,
1 Eßl. Mehl,
½ Becher süße Sahne,
1 Teel. gefriergetrockneter grüner Pfeffer.

Die Rehkeule mit einem Tuch abreiben und von eventuellen Sehnen befreien. Wie einen Rollbraten auseinanderlegen.

Den Speck ganz fein würfeln. Wacholderbeeren und Pimentkörner im Mörser fein zerstoßen und mit Speck, Thymian, etwas Salz und Pfeffer vermischen. Auf das Fleisch streichen und die Keule zusammenrollen. Mit Rouladengarn umwickeln.
Butter in der Bräunungsschale bei 100 Prozent in 2 Minuten schmelzen lassen. Die Rehkeule mit Salz einreiben, in die Schale legen und bei 50 Prozent 30 Minuten braten, dabei einmal wenden. Das Fleisch herausnehmen und auf einer Platte mit Alufolie bedeckt warm halten.
Roséwein mit Mehl verquirlen, in die Schale geben und die Sahne einrühren. Bei 100 Prozent 5 Minuten köcheln lassen. Erst dann mit Salz und den Pfefferkörnern würzen.
Dazu grüne Bohnen oder Brokkoli, gebratene Apfelscheiben, Preiselbeerkompott und Bandnudeln servieren.
Gesamtgarzeit: 37 Minuten.
Hinweis: Da die Keule keine Knochen enthält, kann auch mit dem Bratthermometer (siehe Seite 10) gearbeitet werden.

Hasenkeule in Sahnesoße

4 Portionen
à ca. 2870 kJ (680 kcal)

Geschirr: eine flache Bräunungsschale

100 g fetter Speck, 2 cl Gin,
2 Hasenkeulen von je etwa 400 g,
Salz, weißer Pfeffer,
8 hauchdünne Scheiben milder Räucherspeck,
50 g Butter,
1 Zwiebel,
¼ l Wildfond (Fertigprodukt),
⅛ l Crème fraîche,
1 Teel. heller Soßenbinder,
1 Eßl. kleine Kapern,
1 Limette in Scheiben.

Den fetten Speck in sehr feine Streifen schneiden und über Nacht in dem Gin beizen.
Die Keulen mit einem Tuch abreiben, häuten und schräg zur Faser mit dem gebeizten Speck spicken. Erst dann mit Salz und Pfeffer einreiben.
Räucherspeck in die Schale legen, mit Haushaltspapier abdecken und bei 100 Prozent in 2 Minuten kroß braten. Dann zur Seite legen. Die Butter in die Schale geben und bei 100 Prozent in 2 Minuten schmelzen. Die zuvor geschälte, sehr fein gewürfelte Zwiebel in der Butter bei 100 Prozent in 3 Minuten goldgelb braten. Dann die Keulen zufügen und ebenfalls bei 100 Prozent 5 Minuten anbraten. Nach 3 Minuten einmal wenden. Wildfond angießen und die Keulen zugedeckt bei 50 Prozent in 25 Minuten zu Ende schmoren. Die Keulen herausnehmen.
Crème fraîche und Soßenbinder in den Fond einrühren, bei 100 Prozent 5 Minuten kochen lassen. Dann die Kapern einrühren und die Soße mit Salz und Pfeffer abschmecken.
Die Speckscheiben auf einem Stück Haushaltspapier noch mal 30 Sekunden bei 100 Prozent erwärmen.
Keulen mit Soße übergießen, mit Limetten- und Speckscheiben garnieren.
Gesamtgarzeit: 43½ Minuten.

Perfekte Partner: Gemüse und andere Beilagen

Bunt, vielfältig und für jeden Geschmack: Gemüse, Kartoffeln, Reis und Soßen – die einen sind das schmackhafte Drumherum, die anderen geben einer Mahlzeit ihren Pfiff

Rezept nächste Seite

Sommergemüseplatte

4 Portionen
à ca. 950 kJ (225 kcal)

Geschirr: eine tiefe Platte

400 g junge Möhren oder Karotten,
1 kleiner Blumenkohl,
2 junge Kohlrabi mit Blattgrün,
1 kleine Fenchelknolle,
125 g gepalte Erbsen,
150 g Kirschtomaten,
50 g Butter,
2 Eßl. Gemüsebrühe,
1 Eßl. trockener Weißwein,
Salz,
1 Handvoll Kerbel,
schwarzer Pfeffer aus der Mühle.

Die Möhren schaben oder schälen und im Ganzen lassen. Den Blumenkohl in gleichmäßige Röschen teilen. Vom Kohlrabi die zarten Blätter abschneiden und ebenso wie das Fenchelgrün beiseite legen. Dann den Kohlrabi schälen, den Fenchel putzen und beides in dünne Stifte schneiden. Erbsen und Tomaten waschen und abtropfen lassen. Tomaten halbieren.
20 g Butter bei 100 Prozent in 2 Minuten in der Platte aufschäumen lassen und gut über die Platte verteilen. Von außen nach innen das Gemüse in der aufgeführten Reihenfolge auf die Platte schichten. Dabei Tomaten und Erbsen vermischen. Die restliche Butter in Flöckchen gleichmäßig über das Gemüse verteilen. Mit Brühe und Wein beträufeln und mit etwas Salz würzen. Die Platte mit einem passenden Deckel oder Teller abdecken und bei 100 Prozent 10 Minuten garen. Das Gemüse sollte knackig sein. 2 Minuten zugedeckt nachgaren lassen.
Nebenher Kohlrabiblätter, Fenchelgrün und Kerbel abspülen, trockentupfen und fein hacken. Über das Gemüse streuen. Mit Pfeffer übermahlen.
Als Beilage zu Fleisch oder Fisch oder mit Spiegeleiern als Hauptgericht reichen.
Gesamtgarzeit: 12 Minuten.

Paprika mit Hirsefüllung

2 Portionen
à ca. 905 kJ (215 kcal)

Geschirr: eine mittelgroße Schüssel, zwei tiefe Portionsförmchen

40 g Hirse,
200 ml Fleischbrühe aus Würfeln,
100 g TK-Mischgemüse,
Salz, weißer Pfeffer aus der Mühle,
geriebene Muskatnuß,
50 g gekochter Schinken ohne Fettrand,
2 kleine Eier,
40 g geriebener Emmentaler Käse,
2 große grüne Parikaschoten,
200 g passierte Tomaten (Fertigprodukt),
50 g Crème fraîche,
einige Tropfen Tabasco.

Hirse mit der Fleischbrühe in der Schüssel mischen, mit einem Teller bedeckt bei 50 Prozent in 3 Minuten vorquellen lassen. Das Mischgemüse einrühren und alles noch mal 3 Minuten garen. Mit Salz, Pfeffer und Muskat würzen.
Schinken fein würfeln. Zusammen mit den Eiern und dem Käse unter die Hirsemischung rühren.
Von den Paprikaschoten einen kleinen Deckel abschneiden. Die Früchte von den Samensträngen befreien, waschen, abtropfen lassen und innen leicht salzen. Mit jeweils 2 Eßlöffel Wasser in ein Förmchen stellen und bei 100 Prozent 5 Minuten vorgaren. Abtropfen lassen und füllen.
Passierte Tomaten und Crème fraîche in den Förmchen verrühren, mit Salz und Tabasco würzen und die Paprikaschoten hineinstellen. Mit Mikrowellenfolie überziehen und bei 75 Prozent nochmals 5 Minuten garen.
Als Beilage zu kurzgebratenem Fleisch servieren.
Gesamtgarzeit: 16 Minuten.

Zwiebeln im Sherrysud

4 Portionen
à ca. 675 kJ (160 kcal)

Geschirr: eine Schüssel mit Deckel

600 g kleine, weiße Zwiebeln,
50 g Butter,
4 Stengel Estragon,
4 Stengel Liebstöckel,
1/4 l milde Fleischbrühe aus Würfel oder selbstgekocht,
1/8 halbtrockener Sherry (Amontillado), Salz,
grob geschroteter schwarzer Pfeffer,
1 Prise Zucker.

Die Zwiebeln für 2 Minuten in kochendes Wasser legen, dann lassen sie sich besser abziehen.
Die Butter in einer Pfanne aufschäumen lassen und die Zwiebeln darin unter häufigem Rühren leicht bräunen.
Nebenher die Kräuter abspülen und trockentupfen. Die Blätter von den Stielen zupfen und nicht zu fein hacken.
Zwiebeln ohne Bratfett in die Schüssel geben und die Hälfte der Kräuter zufügen. Fleischbrühe und Sherry angießen, mit Salz, Pfeffer und Zucker würzen. Die Zwiebeln zugedeckt bei 100 Prozent 15–17 Minuten garen. Nach der Hälfte der Garzeit anders anordnen oder einmal durchrühren und die Schüssel um 180 Grad drehen, wieder abdecken.
Die Zwiebeln mit den restlichen Kräutern vermischen und zu kräftigen Braten reichen.
Gesamtgarzeit: 15–17 Minuten.

TIP Ebenso lassen sich auch große Zwiebeln zubereiten. Sie sollten jedoch halbiert oder geviertelt werden. Damit sie nicht auseinanderfallen, den Wurzelansatz nicht ganz abschneiden.

Paprikagemüse

(ohne Abbildung)

4 Portionen
à ca. 865 kJ (205 kcal)

Geschirr: eine Schüssel mit Deckel

1 kg helle, spitze Paprikaschoten,
4 kleine Zwiebeln,
20 g Butter,
2 Eßl. Olivenöl,
2 Knoblauchzehen,
2 Teel. Paprika edelsüß,
4 Eßl. Fleischbrühe,
4 Eßl. trockener Weißwein,
10 große Blätter Basilikum,
6 Eßl. süße Sahne, Salz.

Von den Paprikaschoten die Stengelansätze abschneiden. Die Früchte von unten her mit einem scharfen Messer putzen, waschen und abtropfen lassen. Dann in dünne Ringe schneiden. Die Zwiebeln schälen und sehr fein würfeln.
Butter und Öl in der Schüssel bei 100 Prozent in 1 1/2 Minuten erhitzen, die Zwiebeln hineingeben und bei 100 Prozent in 2 Minuten glasig werden lassen. Die geschälten Knoblauchzehen durch die Presse darüberdrücken und den Paprika unterrühren. Bei 100 Prozent 1 Minute quellen lassen. Erst dann Paprikaschoten, Brühe und Wein zufügen. Bei 100 Prozent zugedeckt 10–12 Minuten garen. Dabei alle 3 Minuten einmal umrühren.
Basilikum abspülen, trockentupfen und die Blätter feinstreifig schneiden. Zusammen mit der Sahne in das Gemüse einrühren. Mit Salz abschmecken und als Beilage zu hellem Fleisch oder kräftigem, gebratenem Fisch servieren.
Gesamtgarzeit: 14 1/2–16 1/2 Minuten.

TIP Die hellen Paprikaschoten sind besonders mild im Geschmack. Wollen Sie das Gericht schärfer haben, geben Sie eine kleine, von den Samen befreite und fein gehackte rote Pfefferschote dazu.

Grüne Gemüseschüssel

4 Portionen
à ca. 1095 kJ (260 kcal)

Geschirr: eine runde Schüssel

100 g durchwachsener Speck,
1 Zwiebel,
250 g Zuckerschoten oder gepalte junge Erbsen,
4 kleine Zucchini,
1 kleiner, fester Kopfsalat,
4 Eßl. Gemüsebrühe,
1 Eßl. trockener Weißwein,
Salz, weißer Pfeffer aus der Mühle,
2 Eßl. Crème fraîche.

Den Speck fein würfeln, in die Schüssel geben und ein Blatt Haushaltspapier darüberdekken. Bei 100 Prozent in 3 Minuten knusprig braun auslassen. Die Speckgrieben herausnehmen und beiseite stellen.

Die geschälte Zwiebel ganz fein würfeln und im Speckfett bei 100 Prozent in 3 Minuten glasig werden lassen.

Zuckerschoten putzen, waschen, abtropfen lassen. Gepalte Erbsen nur waschen. Zucchini von Blüten- und Stengelansätzen befreien, abspülen und in feine Streifchen oder schräg in dünne Scheiben schneiden. Vom Kopfsalat die äußeren Blätter entfernen, das Herz vierteln, waschen und abtropfen lassen. Dann feinnudelig schneiden.

Erbsen in die Schüssel geben, mit Brühe und Wein beträufeln, salzen und pfeffern und mit Mikrowellenfolie abgedeckt bei 100 Prozent 3 Minuten garen. Dann die Zucchinistreifen untermischen und alles mit Folie überzogen nochmals 3 Minuten garen. Erst dann die Salatstreifen zufügen und das Gemüse offen noch 1 Minute (immer bei 100 Prozent) garen. Das Gemüse zugedeckt noch 2 Minuten nachgaren lassen.

Die Grieben auf Haushaltspapier bei 50 Prozent 30 Sekunden erwärmen.

Das Gemüse mit Crème fraîche verrühren, salzen, pfeffern und mit Speckgrieben bestreut servieren.

Als Beilage zu Braten und kräftigem Fisch reichen.

Gesamtgarzeit: 15 1/2 Minuten.

Auberginen auf provenzalische Art

4 Portionen à ca. 885 kJ (210 kcal)
Geschirr: eine halbhohe Auflaufform

2 große Auberginen von je etwa 400 g, Salz,
4 Eßl. Olivenöl,
2 kleine Zwiebeln,
2 Knoblauchzehen,
8 kleine Kugeltomaten,
16 entsteinte grüne Oliven,
6 kleine Artischockenherzen aus dem Glas,
1 Lorbeerblatt,
1 Zweig Rosmarin,
4 Zweige Thymian,
4 Zweige Oregano,
weißer Pfeffer aus der Mühle,
4 Eßl. Rotwein.

Die Auberginen von Blüten- und Stengelansätzen befreien und der Länge nach halbieren. Mit der Schnittfläche nach unten auf die Arbeitsplatte legen und mit einem scharfen Messer in etwa 1 cm dicke Scheiben schneiden, dabei aber an den Enden zusammenlassen, so daß Fächer entstehen. Zwischen die einzelnen Scheiben reichlich Salz streuen und die Auberginen 20 Minuten „weinen" lassen.
Die Form mit 1 Eßlöffel Olivenöl einfetten. Zwiebeln und Knoblauchzehen schälen und sehr fein würfeln beziehungsweise den Knoblauch fein hacken. Die Hälfte davon in die Form geben.
Tomaten waschen und in Scheiben schneiden, dabei von den grünen Stengelansätzen befreien. Oliven abtropfen lassen und halbieren oder in Scheiben schneiden.
Die Auberginen unter fließendem kalten Wasser gründlich abspülen, abtropfen lassen und die Scheiben mit Haushaltspapier trockentupfen. Mit der Hautseite nach oben in die Form legen und die Scheiben etwas auseinanderdrücken. Mit Tomaten und Oliven füllen. Die abgetropften Artischokkenherzen dazugeben.
Die Kräuter abspülen, trockentupfen und die Blätter abstreifen. Zusammen mit den restlichen Zwiebeln und dem Knoblauch über die Auberginen streuen. Mit Pfeffer würzen, mit dem noch übrigen Olivenöl und dem Rotwein beträufeln. Zugedeckt bei 100 Prozent 25 Minuten schmoren lassen. Nach 15 Minuten die Form um 180 Grad drehen.
Als Beilage zu hellem oder dunklem Fleisch oder gebratenem Fischfilet servieren.
Gesamtgarzeit: 25 Minuten.

Variationen: Für **Auberginen im Kräuterbett** pro Person 1 kleine Aubergine rechnen. Die geputzten Früchte längs halbieren, mit Salz bestreut „weinen" lassen.
Reichlich gemischte gehackte Kräuter in die gut gefettete Auflaufform geben. Die Auberginen mit der Schnittfläche nach oben hineinlegen. Mit etwas Wein und reichlich Öl beträufeln und mit Pfeffer übermahlen. Bei 100 Prozent zugedeckt in 15–18 Minuten garen.
Statt mit Olivenöl kann man die Auberginenhälften auch mit zerlassener, gesalzener Butter beträufeln.
Gesamtgarzeit: 15–18 Minuten.
Beide Zubereitungsarten eignen sich auch für **Zucchini** oder kleine längliche **Kürbisse** wie zum Beispiel „Herkuleskeule".

Möhren-Kohlrabi-Gemüse mit Mozzarella

4 Portionen
à ca. 560 kJ (130 kcal)

Geschirr: eine hohe Schüssel

400 g Möhren,
2 mittelgroße Kohlrabi,
1/10 l Tomatensaft,
1 Eßl. Sojasauce, Salz,
weißer Pfeffer aus der Mühle,
1 Mozzarella (150 g).

Die Möhren schälen oder schaben. Von den Kohlrabi die Herzblättchen abschneiden und beiseite stellen. Die Kohlrabi ebenfalls schälen und wie die Möhren in schmale Stifte schneiden. Mit dem Tomatensaft und der Sojasauce in der Schüssel mischen. Mit einem umgestülpten Teller bedeckt bei 100 Prozent 10 Minuten garen. Umrühren und mit Salz und Pfeffer nachwürzen.
Den Mozzarella abtropfen lassen und in kleine Würfel schneiden. Über das Gemüse streuen und bei 50 Prozent im offenen Geschirr 8 Minuten garen. Dann zugedeckt 3 Minuten nachgaren lassen.
Nebenher die Herzblättchen abspülen, trockentupfen und feinstreifig schneiden. Über das Gemüse streuen.
Als Beilage zu hellem Fleisch oder kräftigem Fisch reichen.
Gesamtgarzeit: 18 Minuten.
Hinweis: Hat der Kohlrabi nur wenig Blattgrün, geben Sie zusätzlich noch einige Kerbelblättchen oder etwas Zuchtkresse über das Gericht.
Variation: Ebenso können Sie auch eine Mischung aus **Kürbis** oder **Gurken** und **Lauch** (Porree) bereiten.

Kartoffel-Lauch-Gemüse

4 Portionen
à ca. 1035 kJ (245 kcal)

Geschirr: eine hohe runde Schüssel

2 Stangen Lauch (Porree),
30 g Butter,
1/4 Sellerieknolle von etwa 125 g,
600 g Kartoffeln,
1 Knoblauchzehe,
4 Eßl. kräftige Gemüsebrühe,
4 Eßl. süße Sahne, Salz,
weißer Pfeffer aus der Mühle,
geriebene Muskatnuß.

Den Lauch putzen und schräg in dünne Scheiben schneiden. Die Butter bei 100 Prozent in der Schüssel in 1 1/2 Minuten schmelzen lassen, den Lauch zufügen und ebenfalls bei 100 Prozent 2 Minuten andünsten. Sellerie und die gewaschenen Kartoffeln in kleine Würfel schneiden. In die Schüssel geben und den Knoblauch darüberdrücken. Brühe und Sahne verrühren, mit Salz, Pfeffer und Muskatnuß abschmecken und über das Gemüse gießen. Die Schüssel mit einem umgekehrten Teller abdecken und das Gemüse zugedeckt bei 100 Prozent 10 Minuten garen. Nach 5 Minuten das Gericht einmal umrühren. Zugedeckt 2 Minuten nachgaren lassen. Eventuell mit Salz und Pfeffer nachwürzen.
Als Beilage zu Fisch oder hellem Fleisch servieren.
Gesamtgarzeit: 13 1/2 Minuten.

TIP Garen Sie nur Kartoffel- und Selleriewürfel in milder Fleischbrühe. Dann abkühlen lassen und als Salat entweder mit Essig und Öl oder mit einer leichten Mayonnaise anmachen. Nach Geschmack frische Gemüsegurke und fein geraspelte Möhren zufügen.

Kohlrabigemüse in Pfeffersahne

4 Portionen
à ca. 1095 kJ (260 kcal)

Geschirr: eine runde Schüssel mit Deckel

4 junge Kohlrabi mit reichlich Blattwerk von je etwa 250 g,
1/4 l Fleischbrühe,
40 g Butter,
1 Knoblauchzehe,
Salz, grob geschroteter schwarzer Pfeffer,
1 Prise Zucker,
2 Spritzer Essig,
1/2 Becher süße Sahne (100 g),
1 Teel. weißer Soßenbinder,
2 hartgekochte Eier.

Kohlrabi vom Blattwerk befreien. Die kleinen und mittleren Blätter beiseite legen. Die Kohlrabi schälen und in 1 cm große Würfel schneiden.
Fleischbrühe und Butter in der Form bei 100 Prozent in 5 Minuten aufkochen. Die Kohlrabiwürfel zufügen und den geschälten Knoblauch durch die Presse darüberdrücken. Kohlrabi mit Salz, Pfeffer, Zucker und Essig würzen und zugedeckt bei 100 Prozent 6 Minuten garen.
Die Blätter abspülen, trockentupfen und nicht zu fein schneiden. Nach 3 Minuten unter den Kohlrabi rühren.
Sahne und Soßenbinder verquirlen und unter den Kohlrabi mischen. Offen bei 100 Prozent noch 3 Minuten garen, bis die Soße gebunden ist.
Die hartgekochten Eier schälen, würfeln und über das fertige Gericht streuen.
Als Beilage zu allen hellen Fleischsorten reichen.
Gesamtgarzeit: 14 Minuten.

Rahmspinat mit Champignons

(ohne Abbildung)

4 Portionen
à ca. 950 kJ (225 kcal)

Geschirr: eine Schüssel mit Deckel

300 g TK-Blattspinat,
1 Zwiebel,
1 Knoblauchzehe,
40 g Butter oder Margarine,
200 g kleine, weiße Champignons,
1/2 Becher süße Sahne (100 g),
Salz, weißer Pfeffer aus der Mühle,
geriebene Muskatnuß,
2 Eßl. Mandelstifte.

Den TK-Spinat unaufgetaut in die Form geben und zugedeckt bei 100 Prozent in 7–8 Minuten auftauen lassen.
Zwiebeln und Knoblauch schälen und sehr fein würfeln. Spinat aus der Form nehmen und etwas abtropfen lassen.
Butter oder Margarine in der Form bei 100 Prozent 1 1/2 Minuten erhitzen, Zwiebel und Knoblauch zufügen und in 2 Minuten glasig werden lassen. Die geputzten, in dünne Scheiben geschnittenen Pilze auch in die Form geben und bei 100 Prozent zugedeckt 6–8 Minuten garen.
Spinat und Sahne einrühren. Mit Salz, Pfeffer und Muskat abschmecken und bei 100 Prozent noch 3 1/2 Minuten garen.
Nebenher die Mandeln in einer Pfanne ohne Fettzugabe rösten und über das fertige Gericht streuen.
Als Beilage zu gebratenem oder auch gedünstetem Fisch reichen.
Gesamtgarzeit: 20–22 Minuten.

Spargel in Kerbelsoße

4 Portionen
à ca. 1075 kJ (255 kcal)

Geschirr: eine große ovale oder rechteckige Schale, eine kleine Stielkasserolle

1 kg weißer Spargel,
1/8 l trockener Weißwein,
1/8 l Wasser, Salz,
1 Prise Zucker,
50 g Butter,
1 Schalotte,
2 Teel. Mehl,
1/2 Becher süße Sahne,
1 Handvoll Kerbel,
geriebene Muskatnuß.

Den Spargel schälen und die Enden etwa 1 cm breit abschneiden. Den Spargel lagenweise in die Schale füllen, dabei dachziegelartig anordnen, damit die Köpfe nicht übereinanderliegen. Wein und Wasser angießen, Salz und Zucker zufügen und etwas Butter in kleinen Flöckchen über die Köpfe verteilen. Die Schale mit Mikrowellenfolie überziehen und den Spargel bei 100 Prozent 15 Minuten garen. Nach 8 Minuten vorsichtig umwenden und die Schale um 180 Grad drehen. Spargel zugedeckt 2 Minuten nachgaren lassen. Dann den Sud abgießen, auffangen und die Spargel warm stellen.

Die Schalotte schälen und sehr fein würfeln. Die Butter in der Stielkasserolle bei 100 Prozent 2 Minuten erhitzen, die Schalotte zufügen und weitere 2 Minuten dünsten. Erst dann das Mehl einrühren und bei 50 Prozent 2 1/2 Minuten anschwitzen. Spargelsud und Sahne einrühren und die Soße offen bei 100 Prozent noch 4 Minuten garen, dabei ein- bis zweimal umrühren. Den gewaschenen, nicht zu fein gehackten Kerbel zufügen, die Soße mit Salz und Muskat abschmecken und getrennt zum Spargel reichen.

Zu Kalbfleisch aller Art oder Schinken reichen.

Gesamtgarzeit: 25 1/2 Minuten.

Brokkoli-Blumenkohl-Schüssel

4 Portionen
à ca. 740 kJ (175 kcal)

Geschirr: eine runde Servierschale, eine flache Portionsschale

1 kleiner Blumenkohl,
400 g Brokkoli,
4 Eßl. Gemüsebrühe,
2 Eßl. trockener Weißwein,
Salz,
50 g blättrig geschnittene Mandeln,
30 g Butter oder Margarine,
weißer Pfeffer aus der Mühle,
geriebene Muskatnuß.

Den Blumenkohl in Röschen teilen, die Röschen gründlich waschen. Brokkoli ebenfalls in Röschen und Stiele teilen. Röschen waschen, die Stiele schälen und in etwa 4 cm lange Stücke schneiden.

Am Rand der Servierschale die Blumenkohlröschen anordnen, dann die Brokkolistiele und in der Mitte die Brokkoliröschen. Mit Brühe und Wein beträufeln und leicht salzen. Die Schale mit einem umgestülpten Teller oder einem passenden Deckel zudecken. Bei 100 Prozent 12 Minuten garen. Nach 6 Minuten die Schale einmal drehen.

Die Mandeln in einer Pfanne ohne Fettzugabe unter Rühren goldbraun rösten und über das Gemüse streuen.

Nun die Butter in die Schale geben und bei 100 Prozent in 2 Minuten aufschäumen lassen. Nebenher das Gemüse mit Pfeffer und Muskatnuß würzen. Mit der Butter übergießen und als Beilage zu hellem Fleisch oder zu Fisch servieren.

Gesamtgarzeit: 14 Minuten.

Zuckerschoten nach Hausfrauenart

4 Portionen
à ca. 1140 kJ (270 kcal)

Geschirr: eine mittelhohe Auflaufform

500 g Zuckerschoten,
1 Bund Frühlingszwiebeln,
1 Kopfsalatherz,
100 g Frühstücksspeck in dünnen Scheiben,
1/2 Teel. bunter Pfeffer,
Salz,
1 Prise Zucker,
4 Eßl. trockener Weißwein,
2 Eßl. süße Sahne,
20 g Butter.

Zuckerschoten abfädeln, waschen und abtropfen lassen. Frühlingszwiebeln putzen und die harten, grünen Blatteile abschneiden. Den Salat halbieren oder vierteln, abspülen und abtropfen lassen.
Die Frühstücksspeckscheiben längs halbieren. Den Boden der Form damit auskleiden. Den Speck mit Haushaltspapier bedecken und bei 50 Prozent 2 Minuten auslassen, dann herausnehmen. Den Pfeffer im Mörser zerstoßen.
Zuckerschoten und Zwiebeln in die Form geben, mit Salz, Pfeffer und Zucker würzen. Mit Wein beträufeln. Zugedeckt bei 75 Prozent 12–14 Minuten dünsten. Nach 3 und nach 6 Minuten einmal umrühren.
Kopfsalat feinnudelig schneiden. Nach 9 Minuten zusammen mit der Sahne unter die Zuckerschoten mischen.
Unmittelbar vor dem Servieren die Butter unter das Gemüse rühren. Die Speckscheiben zu Röllchen drehen und das Gemüse damit garnieren.
Als Beilage zu Fischfilet oder hellem Fleisch servieren.
Gesamtgarzeit: 14–16 Minuten.

Italienische Käsesoße

4 Portionen
à ca. 2385 kJ (565 kcal)

Geschirr: eine Stielkasserolle

$^1/_2$ l süße Sahne,
200 g Gorgonzola,
einige Tropfen sehr guter Weinessig,
schwarzer Pfeffer aus der Mühle.

Die Sahne in dem Stieltopf bei 50 Prozent 5 Minuten kochen, damit sie etwas eindickt.
Den Gorgonzola in kleine Würfel schneiden und in die Sahne einrühren. Bei 50 Prozent in 3 Minuten schmelzen lassen, dabei zweimal umrühren. Mit Essig und Pfeffer würzen und rasch mit frisch gekochten Nudeln vermengen.
Gesamtgarzeit: 8 Minuten.

Pilzsoße

4 Portionen
à ca. 950 kJ (225 kcal)

Geschirr: eine mittelgroße Stielkasserolle

50 g Butter,
2 Schalotten,
125 g weiße Champignons,
30 g Mehl,
$^1/_8$ l kräftige Fleischbrühe,
$^1/_8$ l süße Sahne,
Salz, weißer Pfeffer,
etwas Worcestersauce.

Die Butter in der Kasserolle bei 100 Prozent 2 Minuten aufschäumen. Die Schalotten schälen, würfeln und bei 100 Prozent 2 Minuten andünsten. Die Champignons putzen, in Scheiben schneiden und bei 100 Prozent 2 Minuten anbraten. Mehl unterrühren, auch bei 100 Prozent 2 Minuten anschwitzen, die Flüssigkeit einrühren und die Soße bei 100 Prozent 8 Minuten köcheln lassen. Erst dann mit Salz, Pfeffer und Worcestersauce würzen.
Gesamtgarzeit: 16 Minuten.

Klassische Béchamelsoße

4 Portionen
à ca. 840 kJ (200 kcal)

Geschirr: ein Milchtopf, eine mittelgroße Stielkasserolle

$^1/_8$ l süße Sahne,
$^1/_8$ l milde Fleischbrühe,
40 g Butter,
30 g Mehl,
Salz,
weißer Pfeffer aus der Mühle,
geriebene Muskatnuß.

Sahne und Fleischbrühe in dem Milchtopf bei 100 Prozent 2 Minuten erhitzen.
Butter in der Stielkasserolle bei 100 Prozent in 2 Minuten aufschäumen lassen. Das Mehl einrühren und bei 50 Prozent 2 Minuten anschwitzen. Die heiße Flüssigkeit unter Rühren mit dem Schneebesen in dünnem Strahl einlaufen lassen. Die Soße bei 50 Prozent noch 8 Minuten kochen, dabei alle 2 Minuten mit dem Schneebesen umrühren.
Die fertige Béchamelsoße mit Salz, Pfeffer und Muskatnuß abschmecken. Die Soße nach Belieben noch durch ein Sieb gießen.
Gesamtgarzeit: 14 Minuten.
Variationen: Für eine **Currysoße** die fertige Grundsoße mit Currypulver und etwas Apfelmus abschmecken. Oder nur 20 g Mehl verwenden und nach dem Anschwitzen mit 1 Eßlöffel Curry verrühren. Dann die Flüssigkeit einrühren. Das Curry dickt die Soße zusätzlich an.
Für eine **Paprikasoße** $^1/_8$ l Milch und $^1/_8$ l süße Sahne verwenden, das Mehl durch Paprika edelsüß ersetzen. Die fertige Soße mit Paprika rosenscharf würzen. Mit einem Klecks Schlagsahne krönen und mit ganz feinen Paprikawürfeln bestreuen.

Sauce Hollandaise

4 Portionen
à ca. 1010 kJ (240 kcal)

Geschirr: eine nicht zu große Schüssel

3 Eigelb,
2 Teel. Zitronensaft,
1 kräftige Prise Salz,
100 g Butter,
Cayennepfeffer.

Eigelb mit Zitronensaft und Salz im Mixer auf Stufe 3 kräftig durchrühren, bis die Eimasse leicht schaumig ist.
Butter in die Schüssel geben und mit einem Stück Haushaltspapier bedeckt bei 50 Prozent in 2 1/2 Minuten schmelzen lassen. Langsam in die Eimischung einlaufen lassen und mit Stufe 2 unterrühren. Die Mischung zurück in die Schüssel geben und bei 50 Prozent 1 1/2 Minuten erhitzen, dabei alle 30 Sekunden umrühren. Zum Schluß mit Cayennepfeffer abschmecken.
Zu Fisch, hellem Fleisch und feinen Gemüsen reichen.
Gesamtgarzeit: 4 Minuten.
Variationen: Für eine **Sauce Béarnaise** 2 Schalotten fein würfeln und zusammen mit den Blättchen von 1 Zweig Estragon, etwas zerstoßenem Pfeffer, Salz, je 2 Eßlöffel Estragonessig und trockenem Weißwein in der Schüssel bei 100 Prozent 2 Minuten einkochen lassen. Dann durch ein Sieb gießen und die Flüssigkeit statt des Zitronensafts zum Aufschlagen der Eigelb verwenden. Dann weiter wie beschrieben. Die fertige Soße mit gehacktem Estragon und Kerbel verfeinern.
Für eine **Sauce Chantilly** die fertige Sauce Hollandaise mit 100 g geschlagener Sahne vermischen.
Für eine **Beurre Noisette** pro Person 50 g Butter bei 100 Prozent in 5 Minuten bräunen lassen. Dann vorsichtig abgießen, damit die dunklen Eiweißpartikel am Boden liegenbleiben. Bei doppelter Menge beträgt die Garzeit etwa 8, bei vierfacher etwa 10 Minuten. Zu pochiertem oder gebratenem Fisch reichen.

Sauerampfersoße

4 Portionen
à ca. 740 kJ (175 kcal)

Geschirr: eine weite, mittelhohe Schüssel

- *200 g Sauerampfer,*
- *2 Schalotten,*
- *1 Knoblauchzehe,*
- *30 g Butter oder Margarine,*
- *1 Handvoll Basilikumblätter,*
- *1/10 l milde Fleischbrühe,*
- *1/8 l süße Sahne,*
- *Salz,*
- *weißer Pfeffer aus der Mühle.*

Sauerampfer waschen, verlesen und in Streifen schneiden. Schalotten und Knoblauch schälen und würfeln.
Butter oder Margarine in der Schüssel bei 100 Prozent 2 Minuten erhitzen. Schalotten und Knoblauch hineingeben und ebenfalls bei 100 Prozent 3 Minuten andünsten.
Basilikum abspülen und trokkentupfen. Große Blätter streifig schneiden. Zusammen mit dem Sauerampfer unter die Schalotten mischen und bei 100 Prozent in 2 Minuten zerfallen lassen. Erst dann die Fleischbrühe angießen und bei 100 Prozent 3 Minuten kochen. Die Soße durch ein Sieb streichen und mit der Sahne verrühren. Mit Salz und Pfeffer abschmecken und noch mal bei 100 Prozent 30 Sekunden erwärmen.
Die Soße schmeckt zu Edelfischen, zu pochierten Eiern oder zu gebratenem Kalbsbries.
Gesamtgarzeit: 10 1/2 Minuten.
Variationen: Ebenso können Sie auch eine Soße aus frischen grünen, durchpassierten **Erbsen** oder aus **Spinat** bereiten. Sehr delikat ist auch eine **Kerbelsoße**, bei der Sie allerdings nur etwa ein Drittel des Kerbel im Fett dünsten. Der Rest wird frisch über die fertige Soße gestreut.

Provenzalische Tomatensoße

4 Portionen
à ca. 695 kJ (165 kcal)

Geschirr: eine weite, mittelhohe Schüssel

- *6 Schalotten,*
- *2 Knoblauchzehen,*
- *4 Eßl. Olivenöl,*
- *800 g reife Tomaten,*
- *4 Stengel Thymian,*
- *1 kleines Lorbeerblatt,*
- *6 schwarze Pfefferkörner,*
- *2 Pimentkörner,*
- *1/2 Bund Basilikum,*
- *gekörnte Fleischbrühe Instant,*
- *1 Prise Zucker.*

Schalotten und Knoblauch schälen und nicht zu fein würfeln. Zusammen mit dem Öl in die Schüssel geben und bei 100 Prozent 3 Minuten andünsten. Einmal umrühren.
Die Tomaten waschen, vierteln und dabei von den grünen Stengelansätzen befreien. Zusammen mit dem zuvor abgespülten Thymian, dem Lorbeerblatt, den Pfeffer- und Pimentkörnern in die Schüssel geben und mit einem Teller bedeckt bei 100 Prozent 7 Minuten kochen.
In der Zwischenzeit das Basilikum abspülen, mit Haushaltspapier trockentupfen und feinstreifig schneiden.
Den Schüsselinhalt durch ein Sieb passieren und wieder in die Schüssel geben. Mit gekörnter Fleischbrühe und Zukker würzen. Noch mal bei 50 Prozent 2 Minuten offen einkochen lassen. Dann erst mit dem Basilikum vermengen.
Die Soße schmeckt zu Fisch und kurzgebratenem Fleisch sowie zu Nudeln.
Gesamtgarzeit: 12 Minuten.
Variation: Ersetzen Sie 200 g Tomaten durch eine große rote, in Würfel geschnittene Paprikaschote. Dann noch 8 cl trockenen Weißwein an die Soße geben.

Madeira-soße

4 Portionen
à ca. 1665 kJ (395 kcal)

Geschirr: eine mittelgroße Schüssel

50 g durchwachsener Speck,
1 Zwiebel,
1 Bund Suppengrün,
20 g Butter,
1 Teel. Mehl,
1/8 l Rinderfond (Fertigprodukt) oder dunkler Bratensaft aus Würfeln,
75 g Champignons,
100 ml Madeira,
1 Eßl. Tomatenpüree,
1 Eßl. Crème fraîche,
Salz, Cayennepfeffer,
einige Spritzer Worcestersauce,
1 Teel. gehackte Petersilie.

Den Speck sehr fein würfeln und mit Haushaltspapier bedeckt bei 100 Prozent 2 Minuten in der Schüssel auslassen. Zwiebel und Suppengrün putzen, würfeln, zum Speck geben und in 3 Minuten glasig braten. 10 g Butter zufügen, bei 100 Prozent in 30 Sekunden schmelzen, dann erst das Mehl einrühren und bei 100 Prozent 1 1/2 Minuten anschwitzen. Mit Rinderfond ablöschen und bei 50 Prozent 6–8 Minuten quellen lassen.
Die Soße durch ein Sieb passieren. Champignons putzen und in dünne Scheiben schneiden oder hacken. Restliche Butter bei 100 Prozent in 30 Sekunden in der Schüssel schmelzen. Pilze zufügen, 1 1/2 Minuten dünsten. Mit der Soße und allen übrigen Zutaten verrühren und bei 100 Prozent 2 Minuten kochen lassen.
Gesamtgarzeit: 16 1/2–18 1/2 Minuten.
Variation: Ebenso eine **Rotweinsoße** zubereiten. Dabei das Gemüse aber nur in Butter dünsten, etwas weniger Tomatenmark verwenden und auf Crème fraîche verzichten. Beide Soßen passen zu allen dunklen Fleischarten.

Buttersoße

4 Portionen
à ca. 1055 kJ (250 kcal)

Geschirr: eine hohe Schüssel

400 ml Fisch-, Geflügel- oder Kalbsfond (Fertigprodukt), je nach späterer Verwendung der Soße,
1/2 Lorbeerblatt,
1 Gewürznelke,
4 Pfefferkörner,
100 ml trockener Weißwein,
Salz, weißer Pfeffer aus der Mühle,
80 g Butter,
1 Teel. Mehl,
3 Eigelb,
etwas Zitronensaft.

Den Fond mit Lorbeerblatt, Nelke und Pfefferkörnern bei 100 Prozent in 3 Minuten aufkochen, dann durchsieben, wieder in die Schüssel geben und mit dem Wein vermischt erneut bei 100 Prozent in 2 Minuten aufkochen. 20 g Butter mit dem Mehl verkneten und einrühren, dann bei 100 Prozent in 4 Minuten ausquellen lassen, dabei zweimal umrühren.
Eigelb mit etwas Soße verrühren, in die Soße einrühren und bei 50 Prozent 2 Minuten erhitzen, dabei alle 30 Sekunden umrühren. Die restliche Butter in kleinen Flöckchen in die Soße einschwenken. Rasch servieren.
Gesamtgarzeit: 11 Minuten.
Variation: Für eine **Currysoße** den Grundfond ebenso bereiten. Dann jedoch 20 g Butter bei 100 Prozent in 1 1/2 Minuten erhitzen. Dann das Mehl und, je nach Geschmack, 1–2 Teelöffel Curry einrühren und mit dem Fond ablöschen. Die Soße mit einem Teller bedeckt 10 Minuten bei 50 Prozent ausquellen lassen, dabei zweimal umrühren. Fertigstellen wie beschrieben. Paßt zu Fisch, Geflügel und Schweinefilet.

Sahnekartoffeln

4 Portionen
à ca. 1330 kJ (315 kcal)

Geschirr: ein kleines Schälchen, eine flache, ovale Schale

4 Schalotten,
20 g Butter,
800 g vorwiegend festkochende Kartoffeln,
Salz, weißer Pfeffer aus der Mühle,
geriebene Muskatnuß,
1/8 l süße Sahne.

Die Schalotten schälen und sehr fein würfeln. Mit der Butter in das kleine Schälchen geben und bei 100 Prozent 3 Minuten andünsten.
Die Kartoffeln waschen, schälen und mit dem Gemüsehobel in gleichmäßige Scheiben teilen. Dachziegelartig in die ovale Schale schichten und mit Salz, Pfeffer und einem Hauch Muskatnuß würzen. Die Schalottenwürfelchen darüber verteilen und die Sahne darübergießen. Die Form mit Mikrowellenfolie abdecken und die Kartoffeln bei 100 Prozent 10–12 Minuten garen.
Die Kartoffeln schmecken als Beilage zu zarten Fischfilets oder hellem Fleisch.
Gesamtgarzeit: 13–15 Minuten.
Variation: Sie können 200 g Kartoffeln auch durch grob geraffelte Möhren oder frisch gepalte Erbsen beziehungsweise TK-Erbsen ersetzen, die Garzeit ändert sich dadurch nicht. TK-Erbsen lassen Sie zuvor bei 50 Prozent 3–4 Minuten in der Packung antauen. Oder nehmen Sie zwei Drittel Kartoffeln und ein Drittel geschälten und in ebenso dünne Scheiben geschnittenen Kohlrabi.

Gekräuterte Schalenkartoffeln

4 Portionen
à ca. 1180 kJ (280 kcal)

Geschirr: eine große, mittelhohe Schüssel

800 g möglichst gleichmäßige mittelgroße neue Kartoffeln.
4 Schalotten,
1 Knoblauchzehe,
1 Bund gemischte Kräuter der Saison oder 1 Pckg. TK-gemischte Kräuter,
50 g Butter,
Salz, weißer Pfeffer aus der Mühle.

Die Kartoffeln gründlich unter fließendem Wasser abbürsten, jeweils zweimal mit einer Gabel einstechen und in die Schüssel legen. 6 Eßlöffel Wasser zufügen und die Schüssel mit Mikrowellenfolie überziehen oder mit einem Blatt Haushaltspapier bedecken. Die Kartoffeln bei 100 Prozent 10 Minuten garen. Nach 5 Minuten die Kartoffeln einmal durchrütteln und die Schüssel um 180 Grad drehen.
Schalotten und Knoblauch schälen und sehr fein würfeln. Kräuter abspülen, mit Haushaltspapier trockentupfen und fein hacken.
Die Kartoffeln aus der Schüssel nehmen. Die Butter bei 100 Prozent in 2 Minuten aufschäumen lassen. Schalotten, Knoblauch und die Hälfte der Kräuter (TK-Kräuter unaufgetaut) hineingeben. Die Kartoffeln wieder zufügen, salzen, pfeffern und mit Folie oder Haushaltspapier bedeckt weitere 6–8 Minuten bei 100 Prozent garen, dabei alle 2 Minuten gut umrühren.
Die fertigen Kartoffeln mit den restlichen Kräutern vermischen und als Beilage zu kräftigen Braten oder gebratenem Seefisch servieren.
Gesamtgarzeit: 18–20 Minuten.

Djuvec

4 Portionen
à ca. 1475 kJ (350 kcal)

Geschirr: eine hohe, runde Schüssel

2 rote Paprikaschoten,
1 grüne Paprikaschote,
150 g zarte grüne Bohnen,
4 Zwiebeln,
2 Knoblauchzehen,
4 Eßl. kaltgepreßtes Sonnenblumenöl,
200 g Langkornreis,
400 ml milde Fleischbrühe,
250 g Flaschentomaten,
Salz,
Paprika rosenscharf,
1/2 Bund glatte Petersilie.

Die Paprikaschoten putzen, waschen, abtropfen lassen und sehr klein würfeln. Die Bohnen abfädeln, waschen und in etwa 3 cm große Stücke brechen.
Zwiebeln und Knoblauch schälen und fein würfeln. Das Öl in der Schüssel bei 100 Prozent in 2 Minuten erhitzen, Zwiebeln und Knoblauch hineingeben und in 3 Minuten glasig werden lassen. Den Reis mit der Fleischbrühe zufügen und bei 100 Prozent in 6 Minuten aufkochen.
Nebenher die Tomaten mit kochendem Wasser überbrühen, häuten, entkernen und die grünen Stengelansätze entfernen. Die Tomaten grob würfeln und zusammen mit den Paprikawürfeln und den Bohnen in den Reis einrühren. Das Gericht mit Salz und Paprika abschmecken, bei 100 Prozent erneut aufkochen, das dauert etwa 3 Minuten. Dann mit einem Teller abgedeckt in 20 Minuten bei 25 Prozent ausquellen lassen. Zwischendurch zweimal umrühren.
Petersilie abspülen, trockentupfen und grob hacken. Über das fertige Gericht streuen.
Djuvec schmeckt zu gebratenem oder gegrilltem Fleisch oder Fisch.
Gesamtgarzeit: 34 Minuten.

Risotto Milanese

4 Portionen
à ca. 1580 kJ (375 kcal)

Geschirr: eine hohe, runde Schüssel

2 Schalotten,
50 g Butter,
250 g italienischer Rundkornreis,
1/2 l milde Fleisch- oder Hühnerbrühe,
1/4 l trockener Weißwein,
Salz,
15 Safranfäden,
50 g frisch geriebener Parmesan.

Die Schalotten schälen, mit der Hälfte der Butter in die Schüssel geben und bei 100 Prozent in 3 Minuten hell anschwitzen. Den Reis unterrühren und in ebenfalls 3 Minuten glasig braten. Die Fleischbrühe angießen und bei 100 Prozent in 6 Minuten zum Kochen bringen. Den Reis umrühren und mit einem Teller zugedeckt bei 50 Prozent 20 Minuten ausquellen lassen. Dabei nach 5, 10 und 15 Minuten einmal umrühren und jeweils ein Drittel des Weins angießen. Ist der Wein ganz verbraucht, den Reis mit Salz abschmecken.
Die Safranfäden im Mörser zerstoßen und zusammen mit dem Käse und der restlichen Butter unter den Reis mischen.
Als Beilage zu gebratenem Geflügel, Fleisch- und Fischgerichten aller Art geeignet.
Gesamtgarzeit: 31 Minuten.
Variationen: Sie können den Risotto auch mit Gemüse zubereiten, zum Beispiel mit frischen grünen Erbsen (auch Tiefkühlware), Brokkoliröschen oder in Scheiben geschnittenen Champignons. Das Gemüse jeweils mit der ersten Portion Wein zufügen. Dann aber 5 Minuten bei 100 Prozent weitergaren. Auf den Safran in diesen Fällen verzichten und statt dessen mit weißem Pfeffer aus der Mühle würzen.

Schnuppern Sie den
Duft von Gemüsen, Kräutern und
Gewürzen, lassen Sie sich
verführen von unwiderstehlich
delikaten Gerichten

Rezept nächste Seite

Heißgeliebt: Aufläufe und Gratins

Lauch-Kartoffel-Auflauf

4 Portionen
à ca. 2255 kJ (535 kcal)

Geschirr: eine flache, ovale Auflaufform

750 vorwiegend festkochende Kartoffeln,
400 g Lauch (Porree),
250 g Mozzarella,
150 g weißer Schafskäse (Feta),
Salz,
weißer Pfeffer aus der Mühle,
geriebene Muskatnuß,
1/8 l süße Sahne.

Die gewaschenen Kartoffeln schälen und in gleichmäßige Scheiben schneiden. Dazu eignet sich der Gurkenhobel besonders gut.

Den Lauch putzen, nur die hellen Blatteile verwenden. Den Lauch etwa bis zur Hälfte längs durchteilen, sehr gründlich unter fließendem Wasser waschen und gut abtropfen lassen. In möglichst dünne Ringe schneiden.
Den Mozzarella abtropfen lassen und quer in dünne Scheiben schneiden. Den Fetakäse fein würfeln oder zerbröseln.
Kartoffeln, Lauch und Mozzarella lagenweise in die Form schichten. Dabei Kartoffeln jeweils schwach mit Salz, Pfeffer und Muskatnuß würzen. Den Fetakäse über das Gericht verteilen und die Sahne darübergießen. Die Form mit Mikrowellenfolie überziehen und den Auflauf bei 100 Prozent 10 Minuten vorgaren. Die Form um 180 Grad drehen und den Auflauf noch 5–7 Minuten bei 50 Prozent garen.
Gesamtgarzeit: 15–17 Minuten.
Hinweis: Wer mag, kann den fertigen Auflauf mit in Streifen geschnittenen Basilikumblättern bestreuen. Man kann auch streifig geschnittene Borretschblätter in den Lauch-Kartoffel-Auflauf geben.

Blumenkohl-Gratin

4 Portionen
à ca. 1920 kJ (455 kcal)

Geschirr: eine Schüssel, eine Gratin-Form

1 Blumenkohl von etwa 750 g,
1/8 l trockener Weißwein,
Salz, weißer Pfeffer,
geriebene Muskatnuß,
100 g gekochter Schinken ohne Fettrand,
3 Eigelb,
100 g Butter,
Cayennepfeffer,
100 g geriebener Emmentaler Käse,
1 Eßl. Grahampaniermehl,
1 Teel. Paprika edelsüß.

Blumenkohl putzen, in Röschen zerteilen, waschen und abtropfen lassen. Mit den Röschen nach innen in die Schüssel geben, mit Wein begießen, mit Salz, Pfeffer und Muskatnuß würzen. Die Schüssel mit Mikrowellenfolie überziehen und den Blumenkohl bei 100 Prozent in 13–15 Minuten garen. Nebenher den Schinken fein würfeln.
Den Blumenkohl mit einem Schaumlöffel aus dem Sud nehmen und mit dem Schinken in die Gratin-Form geben. Den Sud bei 100 Prozent 3 Minuten einkochen, dann etwas abkühlen lassen.
Eigelb im Mixer bei Stufe 3 schaumig rühren, nach und nach den Sud zufügen.
Butter in der Schüssel bei 100 Prozent in 30 Sekunden erwärmen und bei Stufe 1 langsam in die Eimischung einlaufen lassen. Wieder in die Schüssel geben und bei 50 Prozent 1 Minute erhitzen, dabei zweimal umrühren. Mit Salz und Cayennepfeffer würzen und über die Blumenkohlröschen gießen.
Käse, Paniermehl und Paprika edelsüß vermengen, über die Röschen streuen und bei 100 Prozent 3 Minuten garen, bis der Käse geschmolzen ist.
Zu kräftigem Fisch und weißem Fleisch servieren.
Gesamtgarzeit: 20 1/2 bis 22 1/2 Minuten.

Blumenkohlauflauf

4 Portionen
à ca. 2385 kJ (565 kcal)

Geschirr: eine Schüssel, eine Auflaufform

500 g Blumenkohlröschen, geputzt gewogen,
8 Eßl. trockener Weißwein,
8 Eßl. milde Fleischbrühe,
Salz, weißer Pfeffer,
geriebene Muskatnuß,
300 g Rinderhackfleisch,
1 kleine Zwiebel,
1/2 Bund gemischte Kräuter der Saison, 2 Eier,
Paprika rosenscharf,
20 g Butter,
6 Kugeltomaten,
1 Becher süße Sahne (200 g),
1 Teel. weißer Soßenbinder,
100 g geriebener Emmentaler Käse.

Blumenkohlröschen waschen und abtropfen lassen. Mit den Stielteilen nach außen in die Schüssel legen, mit Wein und Brühe begießen, mit Salz, Pfeffer und Muskatnuß würzen. Mit einem Teller bedeckt bei 100 Prozent 12 Minuten garen, nach 6 Minuten die Schüssel um 180 Grad drehen.
Aus Hackfleisch, der fein gewürfelten Zwiebel, der Hälfte der zuvor gehackten Kräuter und 1 Ei einen Teig kneten. Mit Salz und Paprika rosenscharf würzen. Zu etwa 20 kleinen Bällchen formen.
Butter in der Form bei 100 Prozent in 45 Sekunden aufschäumen lassen. Die Bällchen einlegen, bei 100 Prozent 6 Minuten garen, dabei jeweils nach 2 Minuten wenden.
Tomaten mit kochendem Wasser überbrühen, häuten, vierteln und entkernen. Zusammen mit den abgetropften Blumenkohlröschen in die Auflaufform geben.
Sahne mit Soßenbinder, 50 g Käse, dem restlichen Ei und etwas Sud verquirlen. Mit Salz und Pfeffer würzen und in die Auflaufform gießen. Bei 50 Prozent 7 Minuten garen. Dann mit dem restlichen Käse und den übrigen Kräutern bestreuen und bei 100 Prozent noch 3 Minuten garen.
Dazu Salzkartoffeln reichen.
Gesamtgarzeit: 28 1/4 Minuten.

Hähnchen-Gratin

4 Portionen
à ca. 2510 kJ (595 kcal)

Geschirr: eine mittelhohe Auflaufform

1 Zwiebel,
200 g Champignons,
40 g Butter,
500 g gekochtes oder gegrilltes Hähnchenfleisch,
200 g kleine Schweinsbratwürste,
5 cl trockener Sherry,
2 kleine Eier,
150 g Crème fraîche,
1 Eßl. gehackte Petersilie,
1 Teel. abgeriebene Zitronenschale,
Salz, weißer Pfeffer aus der Mühle,
geriebene Muskatnuß,
100 g geriebener Emmentaler Käse,
2 Eßl. Grahampaniermehl.

Zwiebel schälen und sehr fein würfeln. Champignons putzen, mit einem Tuch abreiben und in dünne Scheiben schneiden. Butter bei 100 Prozent in der Form in 30 Sekunden erhitzen. Zwiebeln und Pilze zufügen und mit einem Stück Haushaltspapier bedeckt 3 Minuten bei 100 Prozent vorgaren.
Hähnchenfleisch in mundgerechte Stücke, Bratwürstchen in dünne Scheiben schneiden. In die Form geben, mit Sherry beträufeln und mit Mikrowellenfolie überzogen bei 100 Prozent 3 Minuten garen.
Eier und Crème fraîche verrühren, Petersilie und Zitronenschale zufügen und die Mischung mit Salz, Pfeffer und Muskatnuß abschmecken. In die Form gießen und mit Folie bedeckt bei 50 Prozent in 7–8 Minuten stocken lassen. Erst dann den mit Paniermehl vermischten Käse über das Gericht streuen. Bei 100 Prozent 5 Minuten garen, bis der Käse zu zerlaufen beginnt.
Gesamtgarzeit: 18 1/2 bis 19 1/2 Minuten.

Hackfleisch-Gratin

4 Portionen
à ca. 2425 kJ (575 kcal)

Geschirr: eine flache Schale, eine mittlere Auflaufform

2 kleine Zwiebeln,
4 Eßl. Olivenöl,
500 g Rinderhackfleisch,
1 Knoblauchzehe,
4 Fleischtomaten,
2 mittelgroße Gewürzgurken,
1 kleine Zucchini,
2 Eßl. TK-gemischte Kräuter,
4 Eßl. trockener Rotwein,
Salz, weißer Pfeffer aus der Mühle,
Paprika rosenscharf,
3 Eier,
50 g geriebener Emmentaler,
50 g geriebener Parmesan.

Zwiebeln schälen und sehr fein würfeln. 3 Eßlöffel Öl in der flachen Schale bei 100 Prozent 30 Sekunden erhitzen, die Zwiebeln zufügen und in 3 Minuten glasig werden lassen.
Das Hackfleisch etwas zerkrümeln, in die Schale geben, den Knoblauch durch die Presse darüberdrücken, untermischen und das Fleisch bei 100 Prozent 5 Minuten anbraten. Dabei zweimal umrühren.
Die Tomaten mit kochendem Wasser überbrühen, häuten und quer in Scheiben schneiden. Gurken und die gewaschene Zucchini in Scheiben oder Stifte schneiden.
Kräuter, Rotwein, Gurken und Zucchini unter das Hackfleisch mischen. Mit Salz, Pfeffer und Paprika abschmecken.
Die Auflaufform mit dem restlichen Öl einstreichen. Abwechselnd Fleisch und Tomatenscheiben einschichten. Eier und beide Käsesorten vermischen und über die oberste Tomatenschicht gießen. Mit Mikrowellenfolie überzogen bei 50 Prozent 12 Minuten garen, bis die Käse-Ei-Masse gestockt ist.
Gesamtgarzeit: 20 1/2 Minuten.

Zucchiniauflauf

4 Portionen
à ca. 2255 kJ (535 kcal)

Geschirr: eine flache, ovale Auflaufform

2 kleine Zwiebeln,
1 Knoblauchzehe,
40 g Butter,
500 g kleine Zucchini,
500 g kleine Kartoffeln,
5 Stengel Thymian,
4 Eier,
1 Becher süße Sahne (200 g),
75 g frisch geriebener Parmesan,
Salz, weißer Pfeffer aus der Mühle,
geriebene Muskatnuß.

Zwiebeln und Knoblauch schälen, Zwiebeln sehr fein würfeln, Knoblauch hacken.
25 g Butter in der Form bei 100 Prozent in 45 Sekunden aufschäumen lassen, dann Zwiebeln und Knoblauch darin in 2 Minuten glasig werden lassen und aus der Form nehmen.
Zucchini waschen und putzen, Kartoffeln schälen. Beides in dünne Scheiben schneiden und mit Kartoffeln beginnend abwechselnd in die Form einschichten. Dabei jeweils etwas Zwiebel-Knoblauch-Mischung und einige Thymianblättchen auf die einzelnen Lagen geben.
Eier, Sahne und Käse verquirlen, mit Salz, Pfeffer und Muskatnuß würzen und in die Form gießen. Die Form mit Mikrowellenfolie überziehen und den Auflauf bei 50 Prozent 20 Minuten garen.
Die Folie entfernen, die restliche Butter in Flöckchen auf den Auflauf setzen und ihn bei 100 Prozent noch 5 Minuten nachgaren lassen.
Gesamtgarzeit: 22 3/4 Minuten.
Hinweis: Wer mag, kann nach den ersten 15 Minuten noch etwas Käse über den Auflauf streuen. Besonders gut eignet sich Emmentaler. Zum eventuellen Bräunen den Auflauf kurz unter den vorgeheizten Grill schieben.

Kartoffelauflauf mit Knoblauch

4 Portionen
à ca. 2275 kJ (540 kcal)

Geschirr: eine hohe Auflaufform

600 g mehligkochende Kartoffeln,
200 g milder roher Schinken,
3 Eier,
1/8 l Milch,
1/8 l süße Sahne,
4 Knoblauchzehen, Salz,
weißer Pfeffer aus der Mühle,
geriebene Muskatnuß,
30 g Butter,
2 Eßl. Semmelbrösel.

Die gewaschenen Kartoffeln schälen und mit einem Gurkenhobel in gleichmäßige, dünne Scheiben schneiden. Den rohen Schinken nach Belieben würfeln oder in Streifen schneiden.
Eier mit Milch und Sahne verquirlen. Die geschälten Knoblauchzehen grob hacken, dann mit Salz zu einem Brei zerdrükken und unter die Eimischung rühren. Mit Pfeffer und Muskatnuß abschmecken.
Die Auflaufform mit reichlich Butter einfetten und mit den Semmelbröseln ausstreuen. Kartoffeln und Schinken lagenweise einschichten, dabei jeweils mit etwas Eiermilch beträufeln. Zum Schluß die restliche Eiermilch über den Auflauf geben und die übrige Butter in Flocken darüber verteilen. Die Form mit einem Teller bedekken und den Auflauf bei 100 Prozent 20 Minuten garen. Bei 50 Prozent ohne Teller noch 3 Minuten nachgaren lassen.
Gesamtgarzeit: 22 Minuten.
Hinweis: Soll der Auflauf eine braune Kruste bekommen, stellen Sie ihn in den letzten 5 Minuten statt in die Mikrowelle in den vorgeheizten Grill.

Mangoldrouladen mit Schafskäse

4 Portionen à ca. 2090 kJ (495 kcal)
Geschirr: eine große, flache Schale

800 g großblättriger Mangold,
Salz,
2 Zwiebeln,
2 Knoblauchzehen,
20 g Butter,
1 Eßl. Olivenöl,
100 g Crème fraîche,
250 g weißer Schafskäse,
weißer Pfeffer aus der Mühle,
1 Prise gemahlener Fenchelsamen,
30 g Sonnenblumenkerne,
1/8 l Gemüse- oder Hühnerbrühe aus Würfeln,
1 Teel. gehackte Petersilie.

Mangold waschen, abtropfen lassen und in Stiele und Blätter teilen. Die Blätter in reichlich sprudelnd kochendem Salzwasser 30 Sekunden blanchieren, in Eiswasser abschrecken, abtropfen lassen und auf einer Lage Haushaltspapier ausbreiten. Die Stiele, wenn nötig, abziehen, dann quer in feine Streifen schneiden.
Zwiebeln schälen und fein würfeln, den geschälten Knoblauch sehr fein hacken.
Butter und Olivenöl in der Schale bei 100 Prozent in 1 Minute erhitzen. Zwiebeln, Knoblauch und Mangoldstiele hineingeben und bei 100 Prozent in 2 Minuten glasig werden lassen. Dann die Hälfte der Crème fraîche und den zuvor mit einer Gabel fein zerdrückten Schafskäse untermischen. Mit Salz, Pfeffer und Fenchelsamen würzen und zum Schluß die Sonnenblumenkerne unterheben. Die Masse auf die Mangoldblätter verteilen und diese vom Stengelansatz zur Blattspitze hin vorsichtig als Rouladen aufrollen.
Gemüse- oder Hühnerbrühe mit Crème fraîche in der Form verrühren. Bei 100 Prozent $1\frac{1}{2}$ Minuten erhitzen. Die Rouladen einlegen, mit Mikrowellenfolie überziehen und bei 100 Prozent 10 Minuten garen. Nach 5 Minuten die Folie entfernen, die Rouladen einmal wenden und die Schale um 180 Grad drehen. Die Petersilie in die Soße streuen.
Dazu schmecken Salzkartoffeln besonders gut.
Gesamtgarzeit: $14\frac{1}{2}$ Minuten.
Hinweis: Wer mag, kann einen Teil des Schafskäse würfeln, zum Schluß über die fertigen Rouladen streuen und unter dem vorgeheizten Grill kurz überbacken.
Variationen: Ebenso können Sie **Spinatrouladen** zubereiten. Dazu den gesamten Spinat wie beschrieben blanchieren. Große Blätter als Hülle verwenden, die kleinen grob hacken und kurz mit den Zwiebeln andünsten. Statt mit Fenchel mit geriebener Muskatnuß würzen. Oder Sie bereiten **Wirsingrouladen,** für die Sie den ganzen Kopf in Salzwasser blanchieren, dann lassen sich die äußeren, großen Blätter besser ablösen. Die zarten Innenblätter als Füllung verwenden.

TIP Zu all diesen Gemüserouladen schmeckt eine **Tomatensoße** besonders gut. Zwiebeln, Knoblauch und Petersilie als erstes bei 100 Prozent in einer kleinen Schüssel in reichlich Butter glasig werden lassen. Erst wenn die Rouladen fertig sind, 200 g passierte Tomaten, 100 g süße Sahne und etwas Geflügelbrühe zufügen und die Soße bei 100 Prozent 5 Minuten erhitzen. Dabei einmal umrühren. Mit Salz, Pfeffer, etwas Tabascosauce und Zucker würzen.

Kartoffel-Kräuter-Auflauf mit Käse

4 Portionen à ca. 2615 kJ (620 kcal)
Geschirr: eine hohe Auflaufform

1 kg vorwiegend festkochende Kartoffeln,
6 Eßl. Olivenöl,
3 Knoblauchzehen,
4 mittlere Zwiebeln,
500 g Tomaten, am besten Flaschentomaten,
1 Bund Basilikum,
1 Bund glatte Petersilie,
6 Stengel Thymian,
2 Packungen Mozzarellakäse von je 150 g,
Salz, weißer Pfeffer aus der Mühle,
1/10 l Fleischbrühe.

Die gewaschenen Kartoffeln schälen und mit dem Gurkenhobel in dünne Scheiben schneiden.
4 Eßlöffel Öl in einer großen Pfanne erhitzen und die Kartoffelscheiben darin portionsweise hellbraun anbraten. Dabei jeweils eine Lage Kartoffeln hineingeben, braten und zur Seite schieben. Wenn alle Kartoffeln fertig sind, die geschälten Knoblauchzehen durch die Presse darüberdrücken und kurz mitbraten.
Nebenher die Zwiebeln schälen und in dünne Ringe schneiden. Das restliche Öl in der Auflaufform bei 100 Prozent in 30 Sekunden erhitzen, die Zwiebeln hineingeben und in 2 Minuten glasig werden lassen. Dann herausnehmen.
Die Tomaten waschen und in gleichmäßige Scheiben schneiden, dabei von den grünen Stengelansätzen befreien.
Die Kräuter abspülen und trockentupfen. Basilikumblätter in feine Streifen schneiden. Petersilie nicht zu fein hacken. Thymianblättchen von den Stielen zupfen. Den abgetropften Mozzarella in Scheiben schneiden.
Alle Zutaten abwechselnd in die Form schichten. Dabei die Kartoffelscheiben jeweils mit Salz und Pfeffer würzen, die Tomatenscheiben mit den Kräutern bestreuen und auch leicht salzen. Den Abschluß sollte eine Lage Mozzarella bilden. Die Fleischbrühe angießen. Die Form mit einem Teller bedekken und den Auflauf bei 100 Prozent 15 Minuten garen. Den Teller entfernen und den Auflauf noch weitere 10 Minuten bei 50 Prozent garen. Dann 5 Minuten nachgaren lassen.
Gesamtgarzeit: 27 1/2 Minuten.
Variationen: Statt mit Mozzarellakäse kann man den Auflauf auch mit Schafskäse bereiten. Da dieser aber kräftiger ist, sollte mit Salz sparsam umgegangen werden. Statt der Fleischbrühe dann besser süße Sahne verwenden.
Wer einen besonders pikanten Geschmack liebt, kann halb Gorgonzola, halb Mozzarella verwenden, wobei der Mozzarella wiederum den Abschluß bilden sollte.
Sie können auch die Hälfte der Kartoffeln durch zarten Kohlrabi oder ein Drittel durch Fenchel ersetzen. Dann sollten Sie jedoch auf den Thymian verzichten und statt dessen die feinstreifig geschnittenen Kohlrabiblätter beziehungsweise das geschnittene Fenchelgrün verwenden.
Wenn Sie es bekommen, sollten Sie einmal statt Petersilie Korianderkraut an den Auflauf geben. Es hat eine ganz besonders interessante geschmackliche Note. Dann kann der Thymian ebenfalls wegfallen.

Paprika-Käse-Auflauf

4 Portionen
à ca. 2745 kJ (650 kcal)

Geschirr: eine flache, ovale Auflaufform

2 rote Paprikaschoten,
2 grüne Paprikaschoten,
2 mittelgroße Zwiebeln,
4 Eßl. Olivenöl,
5 Scheiben Kastenweißbrot,
200 g mittelalter Gouda,
1/10 l Fleischbrühe,
5 cl trockener Sherry (Fino),
1 Becher Crème fraîche (200 g),
4 Eier,
Salz, weißer Pfeffer aus der Mühle,
Paprika rosenscharf
5 zerstoßene Korianderkörner,
10 Sardellenfilets aus dem Glas,
12 gefüllte Oliven.

Paprikaschoten putzen, waschen und in Streifen schneiden. Zwiebeln schälen und in dünne Ringe schneiden.
Öl in der Form bei 100 Prozent in 1 Minute erhitzen. Paprika und Zwiebeln hineingeben und mit einem Teller bedeckt bei 50 Prozent 5 Minuten vorgaren. Dann herausnehmen.
Das Kastenweißbrot entrinden und so zuschneiden, daß es den Formenboden bedeckt. In die Form legen. Den Käse mit einem Hobel in ganz dünne Scheiben hobeln. Abwechselnd mit dem Gemüse in die Form schichten.
Brühe, Sherry, Crème fraîche und Eier verquirlen, mit Salz, Pfeffer, Paprika rosenscharf und Koriander würzen. Das Salz sparsam verwenden. Die Eimasse in die Form gießen. Die abgespülten, mit Haushaltspapier trockengetupften Sardellenfilets und die in Scheiben geschnittenen Oliven auf der Oberfläche dekorativ anordnen. Den Auflauf bei 75 Prozent in 15–20 Minuten garen.
Dazu Tomatensalat reichen.
Gesamtgarzeit: 21–26 Minuten.

Gratin mit Zucchini

4 Portionen
à ca. 2470 kJ (585 kcal)

Geschirr: eine halbhohe Auflaufform

750 g kleine Zucchini,
400 g gleichmäßige Pastinaken oder Petersilienwurzeln,
250 g gekochter Schinken ohne Fettrand,
250 g Emmentaler Käse,
1 Bund gemischte Kräuter der Saison,
40 g Butter,
weißer Pfeffer aus der Mühle,
1/8 l trockener Weißwein,
50 g Crème fraîche,
50 g geriebener Parmesan.

Die Zucchini von den Blüten- und Stengelansätzen befreien, waschen, abtrocknen und ebenso wie die zuvor geschälten oder geschabten Pastinaken (oder Petersilienwurzeln) in dünne Scheiben schneiden. Schinken und Käse sehr fein würfeln. Kräuter abspülen, trockentupfen und fein hacken. Die Auflaufform üppig mit einem Teil der Butter einfetten. Die vorbereiteten Zutaten lagenweise einfüllen, wobei Zucchinischeiben den Abschluß bilden sollten. Dabei jede Gemüseschicht mit Pfeffer würzen. Salz ist nicht notwendig, da Käse und Schinken genügend Würze abgeben. Den Wein angießen. Die Form mit Mikrowellenfolie überziehen und das Gratin bei 50 Prozent 15 Minuten vorgaren.
Crème fraîche über das Gratin streichen und den Parmesan gleichmäßig darüberstreuen. Die restliche Butter in Flöckchen darauf verteilen. Dann bei 100 Prozent weitere 10 Minuten garen.
Gesamtgarzeit: 25 Minuten.
Hinweis: Soll eine Bräunung der Oberfläche erzielt werden, den fertigen Auflauf für 3–5 Minuten unter den vorgeheizten Grill schieben.

Kartoffel-Kräuter-Gratin

4 Portionen
à ca. 1850 kJ (440 kcal)

Geschirr: eine kleine Stielkasserolle, eine halbhohe Auflaufform

1 kg vorwiegend festkochende Kartoffeln,
1 Bund gemischte Kräuter der Saison,
1/8 l Milch,
1/8 l süße Sahne,
100 g Schmelzkäse,
Salz,
1 Teel. Korianderkörner,
20 g Butter,
geriebene Muskatnuß,
30 g geriebener Parmesan.

Die gewachsenen Kartoffeln schälen und mit einem Gurkenhobel in dünne Scheiben schneiden. Die Kräuter abspülen, trockentupfen und fein hacken.
Milch und Sahne in die Stielkasserolle gießen. Den in Würfel geschnittenen Käse zufügen und bei 50 Prozent 5 Minuten kochen, bis der Käse sich aufgelöst hat. Dabei zweimal umrühren. Die Soße mit Salz würzen.
Den Koriander zerstoßen. Die Auflaufform mit der Butter ausfetten und die Kartoffeln mit den Kräutern einschichten. Dabei mit Koriander und Muskatnuß würzen. Die Käsesoße über die Kartoffeln gießen und die Oberfläche mit Parmesan bestreuen. Die Form mit einem Teller bedecken und das Gratin bei 100 Prozent 20–22 Minuten garen. Nach 7 Minuten den Teller entfernen.
Das Gratin als Beilage zu hellem Fleisch oder gebratenem Fisch oder mit einem üppigen Salat als sättigendes Hauptgericht servieren.
Gesamtgarzeit: 25–27 Minuten.

TIP Wer Knoblauch liebt, kann die Form mit einer Knoblauchzehe ausreiben oder 1–2 Knoblauchzehen in die Käsesoße drücken.

Scharfe Gemüsepfanne

4 Portionen
à ca. 1415 kJ (335 kcal)

Geschirr: eine Gratinform

150 g gekochter Schinken,
1 Packung Mozzarella (150 g),
4 kleine Zucchini,
150 g braune Champignons,
1 rote Paprikaschote,
2 grüne Pfefferschoten,
1 Dose Mais (210 g),
200 g passierte Tomaten (Fertigprodukt),
3 Eßl. Rotwein, Salz,
1 Prise Zucker,
2 Zweige Thymian,
3 Eßl. Olivenöl,
grob geschroteter schwarzer Pfeffer.

Schinken in Würfel, den abgetropften Mozzarella in Streifen schneiden.
Zucchini putzen, waschen und ebenso wie die zuvor auch geputzten, aber mit einem Tuch abgeriebenen Champignons in Scheiben schneiden. Paprikaschote an den Nahtstellen aufschneiden, von den Samensträngen befreien, waschen und in Streifen oder Würfel schneiden.
Pfefferschoten von den Stengelansätzen befreien und mit einem scharfen Messer von unten her die Kerne herausschaben. Die Schoten gründlich waschen, abtropfen lassen und in ganz feine Ringe schneiden. Den Mais abtropfen lassen, dabei etwas Flüssigkeit aufheben. Das Gemüse in die Form schichten, mit Schinken und Käse bestreuen.
Passierte Tomaten mit Rotwein und beliebig viel Maisflüssigkeit verrühren, mit Salz und Zucker würzen, mit den abgestreiften Thymianblättchen vermischen und über das Gemüse gießen. Gemüse mit Öl beträufeln und mit Mikrowellenfolie überzogen bei 100 Prozent 7 Minuten garen. Die Folie entfernen, die Form um 180 Grad drehen und das Gemüse in 3–5 Minuten zu Ende garen.
Dazu Knoblauchbrot reichen.
Gesamtgarzeit: 10–12 Minuten.

Italienischer Gemüsetopf

4 Portionen
à ca. 2025 kJ (480 kcal)

Geschirr: eine hohe Auflaufform

4 kleine Zwiebeln,
50 g Butter,
2 Knoblauchzehen,
750 g Zucchini,
750 g Tomaten,
150 g italienische Salami,
1/8 l Milch,
1/8 l süße Sahne,
4 Eier,
Salz, Paprika edelsüß,
1/2 Teel. gerebelter Thymian,
125 g Greyerzer Käse, in 3 mm dicken Scheiben,
grob geschroteter schwarzer Pfeffer,
4 Stengel Basilikum.

Zwiebeln schälen und in dünne Ringe schneiden. Butter in der Form bei 100 Prozent in 1 Minute aufschäumen lassen. Zwiebelringe zufügen, Knoblauch durch die Presse darüberdrükken und bei 100 Prozent in 1 1/2 Minuten glasig braten. Die Hälfte der Mischung aus der Form nehmen.
Geputzte, gewaschene Zucchini und gewaschene Tomaten in Scheiben, Salami in dünne Streifen schneiden. Zucchini- und Tomatenscheiben sich dachziegelartig überlappend in die Form schieben und jede Lage mit etwas Salami bestreuen.
Milch, Sahne und Eier verquirlen, mit Salz, Paprika und Thymian mild würzen.
Käse in feine Würfel schneiden, mit der restlichen Zwiebel-Knoblauch-Mischung über den Auflauf verteilen. Mit der Eimischung übergießen, mit Pfeffer bestreuen und die restliche Butter in Flöckchen darüber verteilen. Die Form mit Mikrowellenfolie überziehen und den Auflauf bei 50 Prozent 10 Minuten, dann bei 100 Prozent ohne Folie weitere 10 Minuten garen, bis der Käse ganz zerlaufen ist.
Gesamtgarzeit: 22 1/2 Minuten.

Käsekartoffeln mit Zwiebeln

4 Portionen à ca. 3355 kJ (795 kcal)
Geschirr: eine flache Schale, eine halbhohe Auflaufform

1000 g mittelgroße mehligkochende Kartoffeln,
250 g Schaschlik- oder Perlzwiebeln,
50 g Butter,
1/10 l trockener Weißwein,
400 g Emmentaler Käse,
Salz, weißer Pfeffer aus der Mühle,
geriebene Muskatnuß,
2 Eigelb,
4 Eßl. süße Sahne.

Kartoffeln gründlich unter fließendem Wasser abbürsten, mit einem Zahnstocher oder einer Gabel mehrmals einstechen und in die flache Schale geben. Bei 100 Prozent 6 Minuten garen, dabei nach 3 Minuten umdrehen und die Schale um 180 Grad drehen. Die Kartoffeln 2 Minuten nachgaren lassen, abziehen und etwas abkühlen lassen. Erst dann in gleichmäßige nicht zu dicke Scheiben schneiden.
Die Zwiebeln schälen. Die Butter in der Auflaufform bei 100 Prozent in 1 1/2 Minuten aufschäumen lassen. Die Zwiebeln hineingeben und bei 100 Prozent in 5 Minuten glasig werden lassen, dabei zweimal umrühren. Den Wein angießen und die Zwiebeln weitere 4 Minuten garen.
Den Käse mit dem Käsehobel in feine Scheiben hobeln oder sehr grob raffeln. 100 g Käse beiseite stellen. Den übrigen Käse mit den Kartoffelscheiben unter die Zwiebeln mischen. Alles mit wenig Salz, reichlich Pfeffer und Muskatnuß würzen. Mit dem übrigen Käse dick bestreuen.
Eigelb und Sahne verquirlen und die Mischung über den Käse träufeln.
Die Form mit Mikrowellenfolie überziehen und den Auflauf bei 75 Prozent 10 Minuten garen. Die Folie abziehen und die Käsekartoffeln bei 100 Prozent noch 3 Minuten garen, bis der Käse ganz geschmolzen ist.
Soll eine Bräunung erzielt werden, gibt man die Form noch für 2–3 Minuten unter den vorgeheizten Grill.
Gesamtgarzeit: 29 1/2 Minuten.
Variationen: Statt der Zwiebeln können Sie auch junge, zarte Lauchstangen oder schräg in Scheiben geschnittene Frühlingszwiebeln verwenden. Beide sollten jedoch nur 2–3 Minuten in der Butter gedünstet werden.
Sie können auch die Kartoffeln durch feine Scheiben oder Stifte von Kohlrabi ersetzen, die Sie mit 3–4 Eßlöffel Brühe zugedeckt bei 100 Prozent 4–5 Minuten vorgaren.
Oder Sie mischen die Zwiebeln mit dünnen Scheiben oder kleinen Würfeln von Gartenkürbis, der wie der Kohlrabi vorgegart wird.
Sollten Sie vom Vortag Pell- oder Salzkartoffeln übrig haben, dann verwenden Sie diese für den Auflauf.

TIP Kartoffelscheiben werden besonders gleichmäßig, wenn man sie mit dem Eischneider zerteilt. Dann sollten die Kartoffeln aber schon etwas abgekühlt sein und sie dürfen nicht zu groß sein beziehungsweise sollten große Kartoffeln längs halbiert werden.

Geflügelleberpudding mit Soße

4 Portionen
à ca. 3420 kJ (810 kcal)

Geschirr: eine Puddingform, eine kleine Stielkasserolle

250 g Geflügelleber,
1/2 l Milch,
125 g Frühstücksspeck,
2 Zwiebeln,
1 Knoblauchzehe,
1/2 Bund Petersilie,
1 Handvoll Kerbel,
125 g kleine Champignons,
250 g Kalbsbratwurstbrät,
2 kleine Eier,
1/4 l süße Sahne,
Salz, weißer Pfeffer aus der Mühle, Pastetengewürz,
50 g Butter, 8 Schalotten,
1/8 l Rotwein,
2 Teel. Bratensoße Instant.

Die Leber abspülen, abtupfen, von Röhren und Häuten befreien und 30 Minuten in der Milch marinieren. Speck fein würfeln und in einer Pfanne auslassen. Die geschälten, gewürfelten Zwiebeln und die fein gehackte Knoblauchzehe im Speckfett glasig braten.
Leber abtropfen lassen, trockentupfen und fein hacken. In die Pfanne geben und 2 Minuten unter Rühren anbraten.
Die abgespülten, trockengetupften Kräuter und die geputzten Champignons im Mixer pürieren. Kalbsbratwurstbrät, Eier, 1/8 l Sahne und den Pfanneninhalt zufügen. Mit Salz, Pfeffer und Pastetengewürz würzen.
Die Puddingform mit etwas Butter einfetten, die Masse einfüllen und mit Mikrowellenfolie bedeckt bei 100 Prozent 10 Minuten, dann bei 50 Prozent noch 15–16 Minuten garen. 5 Minuten nachgaren lassen.
Die restliche Butter in der Kasserolle bei 100 Prozent in 1 1/2 Minuten aufschäumen lassen. Die fein gehackten Schalotten darin in 3 Minuten glasig braten. Wein zugießen, alles bei 100 Prozent 5 Minuten kochen, dann Sahne und Bratensoße einrühren und alles noch 3 Minuten kochen.
Gesamtgarzeit: 37 1/2–38 1/2 Minuten.

Putenbrustpudding

4 Portionen
à ca. 1480 kJ (350 kcal)

Geschirr: 4 Portionsformen mit rundem Boden oder eine Puddingform

375 g Puten- oder Hähnchenbrustfleisch,
Salz, weißer Pfeffer aus der Mühle,
2 Teel. Pastetengewürz (Fertigmischung),
2 Teel. abgeriebene Zitronenschale,
2 altbackene Brötchen,
1 Becher süße Sahne (200 g),
1/8 Bund (glatte) Petersilie,
1 Handvoll Kerbel,
10 große Basilikumblätter,
1 kleine Zucchini,
4 Sardellenfilets aus dem Glas,
2 Eßl. Kapern,
2 große Eier,
Butter zum Einfetten.

Das gehäutete Fleisch in etwa 3 cm große Würfel schneiden. Mit Salz, Pfeffer, Pastetengewürz und Zitronenschale würzen und zugedeckt 20 Minuten ins Gefrierfach stellen.
Die entrindeten, in Scheiben geschnittenen Brötchen in der Sahne einweichen.
Kräuter abspülen, trockentupfen, Zucchini putzen und waschen. Die Sardellenfilets abspülen und trockentupfen. Alles zusammen in den Mixer geben und gut durcharbeiten, erst dann die Kapern und die Eier untermischen.
Die Formen mit Butter einfetten, die Masse einfüllen. Die Formen mit Mikrowellenfolie überziehen und auf die Innenplatte stellen. Die Puddings bei 100 Prozent 12 Minuten vorgaren, dann bei 50 Prozent in 8–10 Minuten zu Ende garen. 5 Minuten ruhen lassen, erst dann stürzen.
Mit einer Tomatensoße und Schleifennudeln servieren.
Gesamtgarzeit: 20–22 Minuten.
Hinweis: Wird der Pudding in einer großen Einzelform gegart, verkürzt sich die Garzeit um etwa 2 Minuten. Die Form sollte aber bei 100 Prozent und auch bei 50 Prozent jeweils einmal um 180 Grad gedreht werden.

Grießpudding mit Tomatensoße

4 Portionen à ca. 2425 kJ (575 kcal)
Geschirr: eine hohe Schüssel, eine mikrowellengeeignete Puddingform aus Keramik

Für den Pudding:

2 Zwiebeln,
50 g Butter,
100 g Hartweizengrieß,
¼ l Milch,
¼ l Fleischbrühe aus Würfeln,
150 g gekochter Schinken ohne Fettrand,
1 Bund gemischte Kräuter der Saison, ersatzweise 1 Päckchen TK-gemischte Kräuter,
3 Eier, Salz,
100 g frisch geriebener Parmesankäse,
weißer Pfeffer aus der Mühle,
geriebene Muskatnuß,
Butter oder Margarine zum Einfetten,
Semmelbrösel zum Ausstreuen.

Für die Tomatensoße:

1 kleine Zwiebel,
10 g Butter,
200 g passierte Tomaten, (Fertigprodukt),
½ Becher süße Sahne (100 g),
1 Knoblauchzehe,
Salz,
einige Tropfen Tabascosauce.

Für den Pudding die Zwiebeln schälen und sehr fein würfeln. Die Butter in der Schüssel bei 100 Prozent in 2 Minuten aufschäumen lassen. Die Zwiebeln zufügen und in 2 Minuten glasig werden lassen. Den Grieß einrühren und bei 100 Prozent 2 Minuten anschwitzen lassen. Milch und Fleischbrühe angießen und die Schüssel mit Mikrowellenfolie überziehen. Den Grieß bei 50 Prozent in 6 Minuten ausquellen lassen.
Den Schinken würfeln, die abgespülten, trockengetupften Kräuter hacken. TK-Kräuter unaufgetaut verwenden.
Die Eier trennen. Die Eigelb einzeln unter den heißen Grieß rühren. Eiweiß mit Salz zu schnittfestem Schnee schlagen und unter den Grieß heben. Schinken, Kräuter und Käse ebenfalls untermischen. Die Grießmasse mit Salz, Pfeffer und Muskatnuß würzen.
Die Puddingform einfetten und mit Semmelbröseln ausstreuen. Die Masse einfüllen und mit einem Teller bedeckt bei 75 Prozent 18 Minuten garen. Den Pudding offen 5 Minuten nachgaren lassen.
Für die Soße die Zwiebel schälen, würfeln und bei 100 Prozent zusammen mit der Butter in der Schüssel glasig werden lassen. Die passierten Tomaten und Sahne zufügen und verrühren. Die geschälte Knoblauchzehe durch die Presse darüberdrücken. Die Schüssel mit Mikrowellenfolie abdecken und die Soße bei 100 Prozent 5 Minuten kochen lassen. Erst dann mit Salz und Tabascosauce abschmecken.
Den Pudding auf eine Platte stürzen und mit der Soße überzogen servieren.
Gesamtgarzeit: 35 Minuten.

TIP Ohne Soße ist der Pudding eine ideale Beilage für Braten aller Art. Dann reicht die oben angegebene Menge aber für 6–8 Personen.

Desserts, süßes Glück für jung und alt

Ob zart, cremig oder fruchtig, ob warm oder kalt, mit diesen Schleckereien werden Kinderträume wahr

Rezept nächste Seite

Grieß-flammeri mit Orangen-soße

4 Portionen
à ca. 1920 kJ (455 kcal)

Geschirr: eine halbhohe Schüssel

3/8 l Milch,
1/8 l süße Sahne,
1/8 Teel. Naturvanille,
40 g Zucker,
50 g Butter,
1 Prise Salz,
60 g Hartweizengrieß,
1 Teel. abgeriebene Zitronenschale,
2 kleine Eier,
2 Eßl. Honig,
Saft von 2 Orangen,
4 cl Orangenlikör,
1 Eßl. Mandelblättchen zum Garnieren.

Milch und Sahne in der Schüssel mit Naturvanille, Zucker, 30 g Butter und Salz bei 100 Prozent 5 Minuten erhitzen. Den Grieß langsam einrühren und die Zitronenschale zufügen. Bei 50 Prozent in 10 Minuten ausquellen lassen, dabei nach 3 und nach 7 Minuten umrühren.
Nebenher die Eier trennen. Eiweiß zu schnittfestem Schnee schlagen. Etwas Flammeri mit dem Eigelb verquirlen und zusammen mit dem Eischnee unter den übrigen Flammeri ziehen.
Eine Puddingform kalt ausspülen, den Flammeri hineingeben und erkalten lassen.
Kurz vor dem Servieren für die Soße Honig und restliche Butter in der zuvor gesäuberten Schüssel bei 100 Prozent 2 Minuten erhitzen. Den Orangensaft zufügen und bei 100 Prozent 5 Minuten kochen lassen. Durch ein Sieb gießen und mit dem Likör verfeinern.
Den Flammeri stürzen, mit einem Teil der Soße umgießen, mit Mandelblättchen garnieren. Restliche Soße getrennt reichen.
Gesamtgarzeit: 22 Minuten.

Aprikosen-auflauf

4 Portionen
à ca. 2680 kJ (635 kcal)

Geschirr: eine hohe Auflaufform

500 g Speisequark,
1 unbehandelte Zitrone,
80 g weiche Butter,
100 g Zucker,
3 Eigelb,
1/2 Teel. Naturvanille,
75 g Speisestärke (zum Beispiel Mondamin),
3 Eiweiß,
1 Prise Salz,
1 Dose Aprikosen (460 g Einwaage),
40 g blättrig geschnittene Mandeln.

Den Quark in einem Tuch gut ausdrücken. Zitrone heiß waschen, abtrocknen, die Schale abreiben, den Saft auspressen. 50 g Butter mit Zucker schaumig rühren. Nach und nach Eigelb, Vanille, Speisestärke und Zitronenschale zufügen. Erst dann den Quark in kleinen Portionen einrühren und den Zitronensaft zufügen.
Eiweiß mit Salz zu schnittfestem Schnee schlagen und locker unterheben.
Die Auflaufform mit einem Teil der restlichen Butter einfetten. Die Masse hineingeben.
Aprikosen abtropfen lassen und auf der Quarkmasse anrichten. Mit den Mandelblättchen bestreuen und die restliche Butter in kleinen Flöckchen auf den Auflauf setzen. Die Form mit Mikrowellenfolie überziehen und den Auflauf bei 50 Prozent 10 Minuten, dann ohne Folie bei 100 Prozent 10 Minuten backen. 5 Minuten ruhen lassen.
Gesamtgarzeit: 20 Minuten.
Variationen: Statt der Aprikosen können sie auch **Pfirsiche** oder **Birnen** aus der Dose verwenden. In beiden Fällen empfiehlt es sich aber, die Früchte in Schnitze zu teilen.

Puddingsoufflé mit gedünsteten Birnen

4 Portionen à ca. 4030 kJ (960 kcal)
Geschirr: eine halbhohe Schüssel, vier hohe, glatte Portionsschälchen, eine Kasserolle

Für die Birnen:
2 große, reife Birnen,
1/8 l halbtrockener Weißwein,
1 Prise Zimt,
1 Prise gemahlener Ingwer.

Für die Sofflés:
75 g Blockschokolade,
75 g Haselnüsse,
100 g Butter,
100 g Zucker,
1/2 Teel. Naturvanille,
3 Eier, 1 Prise Salz,
100 g Mehl,
6 Eßl. süße Sahne,
Butter oder Margarine zum Einfetten,
Semmelbrösel zum Ausstreuen.

Für die Schaumsoße:
3 Eigelb,
2 Eßl. flüssiger Honig,
1/8 l süße Sahne,
1 Eßl. Zucker.

Außerdem:
4 Eßl. roh gerührte Preiselbeeren aus dem Glas,
einige Mandelstifte.

Birnen schälen, halbieren, von Kerngehäusen, Blüten- und Stengelansätzen befreien.
Wein mit Zimt und Ingwer in der Schüssel bei 100 Prozent in 2 Minuten erhitzen. Die Birnenhälften mit der gewölbten Seite nach oben hineinlegen und bei 100 Prozent in 4 Minuten halbweich werden lassen. Dabei nach 2 Minuten wenden und die Schüssel um 180 Grad drehen. Die Birnen abtropfen lassen, den Wein auffangen.
Für die Soufflés Schokolade und die zuvor trocken in einer Pfanne gerösteten Haselnüsse fein reiben beziehungsweise durch die Mandelmühle drehen.
Butter mit Zucker und Vanille schaumig rühren.
Die Eier trennen. Eigelb zur Butter-Zucker-Mischung geben und unterrühren.
Eiweiß mit Salz zu schnittfestem Schnee schlagen. Auf die Eigelbmischung gleiten lassen. Mehl darübersieben, Schokolade und Nüsse zufügen und alles locker, aber gründlich verrühren, dabei nach und nach die Sahne zufügen.
Portionsförmchen mit Butter oder Margarine einfetten und mit den Semmelbröseln ausstreuen. Die Soufflémasse hineingeben und die Soufflés bei 75 Prozent in 12–15 Minuten garen.
Nebenher für die Schaumsoße Eigelb und Honig verrühren. Sahne, Wein und Zucker in der Kasserolle vermischen.
Die Soufflés aus der Mikrowelle nehmen und mit einem Tuch bedeckt warm halten.
Sahnemischung bei 100 Prozent 2 Minuten erhitzen. Mit dem Schneebesen unter den Eigelbschaum rühren, wieder in die Kasserolle geben und bei 50 Prozent 2 Minuten erhitzen, dabei alle 30 Sekunden einmal umrühren.
Die Soufflés auf Teller stürzen, mit der Soße umgießen. Je eine Birnenhälfte dazugeben und mit Preiselbeeren füllen. Das Dessert mit Mandelsplittern bestreut servieren.
Gesamtgarzeit: 22–25 Minuten.

Karamelcreme

4 Portionen
à ca. 1495 kJ (355 kcal)

Geschirr: vier Portionsschälchen

80 g Zucker,
4 Teel. Wasser,
2 Eier,
2 Eigelb,
1/2 Teel. Naturvanille,
1 Prise Zimt,
1 Prise Ingwerpulver,
1/4 l süße Sahne.

Je 1 Eßlöffel Zucker und 1 Teelöffel Wasser in jedes Förmchen geben. Bei 75 Prozent in 4 Minuten karamelisieren lassen. Dabei die Förmchen zweimal um 120 Grad drehen.
Eier und Eigelb mit restlichem Zucker, Naturvanille, Zimt und Ingwerpulver schaumig rühren, bis der Zucker sich aufgelöst hat. Nach und nach die Sahne einlaufen lassen und die Mischung in die Förmchen verteilen. Dabei am besten durch ein Spitzsieb gießen, damit eventuelle Samenfäden vom Eiweiß zurückbleiben. Sie würden häßliche Schlieren verursachen.
Die Förmchen einzeln mit Mikrowellenfolie überziehen und mit genügend Abstand auf einen großen, flachen Teller stellen. Die Creme bei 25 Prozent in 6–7 Minuten stocken lassen. Den Teller dabei zweimal um 180 Grad drehen.
Die Förmchen herausnehmen, abkühlen lassen, dann mit Folie bedeckt für einige Stunden in den Kühlschrank stellen und ganz erkalten lassen.
Unmittelbar vor dem Servieren auf flache Dessertteller stürzen.
Gesamtgarzeit: 10–11 Minuten.

Reispudding nach Art der Kaiserin

(ohne Abbildung)

4 Portionen
à ca. 2405 kJ (575 kcal)

Geschirr: eine runde Schüssel, eine mikrowellengeeignete Puddingform

75 g kernlose Sultaninen,
100 g gemischte kandierte Früchte (Fertigmischung),
2 cl Kirschwasser,
1/4 l Milch,
1/4 l süße Sahne, Salz,
4 Eßl. Zucker,
125 g Rundkornreis,
4 Eier,
1 kräftige Prise gemahlene Naturvanille,
10 g Butter,
300 g TK-Himbeeren.

Die Sultaninen waschen und zusammen mit den kandierten Früchten für 2–3 Stunden in Kirschwasser marinieren.
Milch und Sahne mit 1 Prise Salz, 2 Eßlöffel Zucker und dem Reis in der Schüssel vermischen. Mit einem Teller bedeckt bei 100 Prozent 6–8 Minuten garen, dabei nach 3 Minuten umrühren. Bei 50 Prozent in 30 Minuten ausquellen lassen, dabei zwei- bis dreimal umrühren. 5 Minuten ruhen lassen.
Nebenher die Eier trennen. Eigelb mit dem restlichen Zucker und der Vanille dickschaumig aufschlagen, bis der Zucker sich gelöst hat. Eiweiß mit einer Prise Salz zu schnittfestem Schnee schlagen. Zuerst die Sultaninen und kandierten Früchte unter den Reis rühren, dann Eigelbschaum und Eischnee unterheben.
Die Butter in der Puddingform bei 100 Prozent in 1 Minute schmelzen und die Form damit einfetten. Die Reismischung einfüllen und mit Pergament- oder Haushaltspapier bedeckt bei 50 Prozent noch 15 Minuten backen. 5 Minuten ruhen lassen, dann stürzen. Warm oder kalt mit den zuvor aufgetauten Himbeeren umlegt servieren.

Kakicreme mit Rotweinbirnen

4 Portionen à ca. 1660 kJ (395 kcal)
Geschirr: eine kleine Kasserolle, vier Portionsförmchen

Für die Creme:
2 vollreife Kakis,
1/4 l süße Sahne,
2 Eßl. Zucker,
1 Prise Zimt,
1 Prise gemahlene Nelken,
1 Prise Ingwerpulver,
30 g Weichweizengrieß,
1 Teel. abgeriebene Zitronenschale,
Butter zum Einfetten.

Für die Rotweinbirnen:
2 feste, aber vollreife Williamsbirnen,
1/8 l vollmundiger Rotwein, zum Beispiel aus Südtirol,
2 Eßl. Kirschlikör,
1 Prise Zimt,
1/2 Teel. Speisestärke.

Die Kakis halbieren und das Fruchtfleisch mit einem Löffel herauslösen, dann durch ein Sieb streichen.
Die Sahne in der Kasserolle mit Zucker und den Gewürzen bei 100 Prozent 3 Minuten erhitzen, den Grieß, das Kakipüree und die Zitronenschale einrühren. Die Mischung in die schwach eingefetteten Förmchen verteilen und bei 50 Prozent in 10–12 Minuten ausquellen lassen. Dann erkalten und im Kühlschrank abkühlen lassen.
Für die Rotweinbirnen die Früchte schälen, längs halbieren, von Kerngehäusen, Blüten- und Stengelansätzen befreien.
Rotwein mit Kirschlikör und Zimt in der zuvor gesäuberten Kasserolle bei 100 Prozent 2 Minuten erhitzen. Die Birnen mit der Schnittfläche nach unten hineinlegen und mit Mikrowellenfolie überzogen 4 Minuten dünsten. Nach 2 Minuten die Früchte umdrehen und das Gefäß um 180 Grad wenden. Die Birnen herausnehmen. Die mit einigen Tropfen Wasser angerührte Speisestärke in den Sud einrühren und bei 100 Prozent in 2 1/2 Minuten aufkochen, dabei alle 30 Sekunden einmal umrühren.
Die Birnen in Scheiben schneiden, dabei jedoch nicht durchtrennen. Die Creme auf Portionsteller stürzen. Die Birnenhälten anlegen und mit der Soße überziehen.
Gesamtgarzeit: 16–18 Minuten.
Hinweis: Kakis, die äußerlich an unreife Fleischtomaten erinnern, kommen vorwiegend aus Italien und Israel, wobei die Früchte aus Italien bei Vollreife butterweich und sehr süß sind. Sie können dann wie oben beschrieben zubereitet werden. Israelische Kakis hingegen bleiben auch dann fest, wenn sie ganz ausgereift sind. Für diese Creme müssen sie mit der Schale im Mixer püriert und erst dann durch das Sieb gestrichen werden.
Grundsätzlich können Kakis nur im Zustand der Vollreife genossen werden, da sie einen sehr hohen Gerbsäureanteil haben, der erst nach der absoluten Reife verschwindet. In einigen Ländern, wie zum Beispiel Nordchina und Japan, wartet man mit der Ernte bis nach dem ersten Frost, durch den die Gerbsäure zerstört wird.

TIP Kakis, die noch sehr fest sind, läßt man, am besten in Zeitungspapier gewickelt, ein bis zwei Tage bei Zimmertemperatur nachreifen. Schon reife Früchte, die nicht sofort gebraucht werden, kann man, in Zeitungspapier gewickelt, einige Tage im Kühlschrank aufbewahren.

Custard-Pudding

4 Portionen
à ca. 1605 kJ (380 kcal)

Geschirr: eine runde Schüssel, vier Portionsformen

1/4 l süße Sahne,
6 Eßl. Akazienhonig,
2 Eier,
2 Eigelb,
1 kräftige Prise gemahlene Naturvanille,
1 Prise Ingwerpulver,
1 Prise Zimt,
Butter zum Einfetten,
2 Orangen.

Die Sahne mit dem Honig in die Schüssel geben und bei 100 Prozent 2 Minuten erhitzen. Eier und Eigelb mit Vanille, Ingwerpulver und Zimt in einer Metallschüssel sehr gründlich verrühren, bis die Masse leicht schaumig ist. Durch ein Spitzsieb in die Schüssel mit der Sahnemischung gießen und dabei kräftig mit dem Schneebesen rühren.
In jedes Förmchen ein knapp haselnußgroßes Stück Butter geben und bei 100 Prozent in 30 Sekunden schmelzen lassen. Die Förmchen gründlich einfetten und die Custard-Mischung hineingießen. Die Förmchen mit Pergamentpapier oder Mikrowellenfolie abdecken und den Pudding bei 50 Prozent in 15 Minuten stokken lassen. In den Förmchen abkühlen lassen, dann für 1–2 Stunden in den Kühlschrank stellen.
Die Orangen schälen, dabei auch die pelzige Innenhaut abziehen. Die Filets aus den Trennhäutchen lösen und auf vier Desserttellern anrichten. Die Puddings stürzen und auf den Filets anrichten.
Gesamtgarzeit: 17 1/2 Minuten.

Rote Grütze mit Vanillesoße

4 Portionen
à ca. 1435 kJ (340 kcal)

Geschirr: eine hohe runde Schüssel, ein Milchkrug

500 g Erdbeeren,
250 g rote Johannisbeeren,
Schale von 1/4 unbehandelten Zitrone,
125 g Zucker,
1/8 l Wasser,
60 g Perlsago,
150 g frische Himbeeren,
2 cl schwarzer Johannisbeerlikör,
1/4 l Milch, 3 Eigelb,
1/4 Teel. gemahlene Naturvanille.

Erdbeeren und Johannisbeeren waschen, Erdbeeren entkelchen, Johannisbeeren mit einer Gabel von den Rispen streifen. Zusammen mit der Zitronenschale, 75 g Zucker und dem Wasser in die Schüssel geben und mit einem Teller bedeckt bei 100 Prozent 10 Minuten kochen, dann durch ein Sieb streichen. Erneut in die Schüssel geben, bei 100 Prozent 2 Minuten kochen, dann den Sago einrühren. Zugedeckt 30 Minuten bei 25 Prozent ausquellen lassen. Dabei nach 10 und 20 Minuten umrühren.
Die Himbeeren kurz abspülen und trockentupfen. Nach 25 Minuten in die Grütze einrühren. Die fertige Grütze mit Johannisbeerlikör verfeinern und in Portionsschälchen füllen. Erkalten lassen.
Für die Soße kurz vor dem Servieren die Milch in dem Krug bei 100 Prozent in 3 Minuten aufkochen.
Eigelb in der Schüssel mit Vanille und dem restlichen Zukker schaumig schlagen, bis der Zucker sich aufgelöst hat. Die heiße Milch in dünnem Strahl einlaufen lassen und mit dem Schneebesen unterrühren. Die Soße bei 50 Prozent noch 2 Minuten nachgaren lassen, dann lauwarm zu der kalten Grütze reichen.
Gesamtgarzeit: 42 Minuten.

Aprikosen in Sahne-karamel

4 Portionen
à ca. 865 kJ (205 kcal)

Geschirr: eine kleine, halbhohe Schale, eventuell ein Teller

30 g Butter,
30 g Zucker,
12 vollreife, aber feste Aprikosen,
24 geschälte Mandeln,
½ Becher süße Sahne (100 g),
1 Prise gemahlener Ingwer,
100 g frische oder TK-Himbeeren.

Die Butter in der Schale bei 100 Prozent in 30 Sekunden schmelzen lassen. Den Zucker einrühren und mit einem Blatt Haushaltspapier bedeckt in 1 Minute karamelisieren lassen. Nebenher die Aprikosen waschen, abtropfen lassen, an den Nahtstellen aufschlitzen und entsteinen. Jede Aprikose mit 2 Mandeln füllen und zusammendrücken. In die Karamelmasse setzen und mit Sahne übergießen. Mit Ingwer bestreuen und mit einem Teller oder Deckel zugedeckt bei 50 Prozent 7 Minuten dünsten.
Frische Himbeeren verlesen, ganz kurz in einem Sieb unter kaltem Wasser abspülen und gründlich abtropfen lassen.
TK-Himbeeren auf einem Teller anordnen. Mit einem Blatt Haushaltspapier abdecken und bei 50 Prozent 30 Sekunden antauen lassen.
Die Aprikosen mit den Himbeeren bestreut servieren.
Gesamtgarzeit: 8½(9) Minuten.
Variation: Ebenso können Sie auch **Pfirsiche** zubereiten. Wählen Sie am besten kleine, aromatische Früchte, jedoch nicht mehr als zwei pro Person. Die Pfirsiche werden gehäutet, halbiert und mit der runden Seite nach oben in die Schale gegeben. Die Mandeln zwischen die Früchte streuen.

Selbstgebackenes steht hoch im Kurs. Schnell vorbereitet und im Handumdrehen gebacken sind diese wunderbar duftenden Leckereien, mit denen Sie Familie und gute Freunde verwöhnen können und: frisch schmecken sie noch mal so gut!

Rezept nächste Seite

Kuchen, mal süß und mal pikant

Gewürz- kuchen mit Bananen

Insgesamt ca. 6680 kJ (1590 kcal)

Geschirr: eine Kastenform

- *100 g Butter oder Margarine,*
- *100 g Zucker,*
- *1/4 Teel. Naturvanille,*
- *1 kräftige Prise Zimt,*
- *1 Prise Nelkenpulver,*
- *2 Eier,*
- *50 g Speisestärke,*
- *150 g Weizenmehl Type 405,*
- *2 gehäufte Teelöffel Backpulver,*
- *50 g in Sirup eingelegte Ingwerpflaumen,*
- *200 g Bananen, geschält gewogen,*
- *1 Teel. Zitronensaft,*
- *1 Eßl. Rum,*
- *Butter zum Einfetten.*

Butter oder Margarine in einer Rührschüssel mit Zucker, Vanille, Zimt und Nelkenpulver mit den Schneebesen des Handrührgeräts schaumig rühren. Die aufgeschlagenen Eier zufügen und unterrühren. Speisestärke, Mehl und Backpulver darübersieben und locker, aber gründlich unterheben.
Die Ingwerpflaumen abtropfen lassen und sehr fein würfeln. Die Bananen längs vierteln, in Würfel schneiden, mit Zitronensaft und Rum vermengen. Zusammen mit dem Ingwer mit einem Kochlöffel unter den Teig heben.
Die Backform einfetten und den Teig einfüllen. Bei 25 Prozent 30–35 Minuten backen. Unbedingt eine Stäbchenprobe machen. Den Kuchen 2–3 Minuten in der Form ruhen lassen, dann aus der Form lösen und auf einem Kuchendraht abkühlen lassen.
Gesamtgarzeit: 30–35 Minuten.
Hinweis: Soll der Kuchen mit Puderzucker bestäubt werden, gibt man den Puderzucker über den noch leicht warmen Kuchen.

Apfel- kuchen mit Brom- beeren

Insgesamt ca. 18940 kJ (4510 kcal)

Geschirr: eine rechteckige Backform (ca. 22x28 cm), eine kleine Stielkasserolle

- *300 g Weizenmehl Type 405,*
- *200 g weiche Butter oder Margarine,*
- *1/2 Teel. Salz,*
- *2–3 Eßl. Eiswasser,*
- *Mehl zum Ausrollen,*
- *Margarine zum Einfetten,*
- *1 kg kleine, mürbe Äpfel,*
- *250 g Brombeeren,*
- *1 Becher süße Sahne (200 g),*
- *2 Eßl. Honig,*
- *2 Eßl. Zucker,*
- *75 g blättrig geschnittene Mandeln.*

Weizenmehl in eine Schüssel sieben. 150 g in Flocken geschnittene Butter oder Margarine und das Salz zufügen. Mit den Schneebesen des Handrührgeräts zu einer krümeligen Masse verarbeiten. Auf der bemehlten Arbeitsfläche zu einem glatten Teig kneten, dabei nach und nach das Wasser einarbeiten. Den Teig 30 Minuten in den Kühlschrank stellen, dann in Formengröße ausrollen und in die gefettete Form legen. Mit einer Gabel mehrmals einstechen.
Den Boden mit einer doppelten Lage Haushaltspapier bedecken, damit der sich während des Backens bildende Dampf aufgesogen wird. Den Teig bei 100 Prozent 4–5 Minuten backen. Die Form dabei einmal um 180 Grad drehen.
Die Äpfel schälen, achteln, von Kerngehäuse, Blüten- und Stengelansätzen befreien. Brombeeren waschen und abtropfen lassen.
Restliches Fett mit Sahne, Honig und Zucker bei 100 Prozent 4 Minuten erhitzen.
Äpfel und Brombeeren auf dem Teig verteilen. Den Sahneguß und die Mandeln darüber verteilen. Bei 50 Prozent 20 Minuten backen.
Gesamtgarzeit: 29 Minuten.

Pfirsichtorte

Insgesamt ca. 20175 kJ (4805 kcal)

Geschirr: eine runde Form von 26 cm Durchmesser

- *150 g Weizenmehl Type 405,*
- *1 Teel. abgeriebene Zitronenschale,*
- *1 Teel. Backpulver,*
- *250 g weiche Butter,*
- *75 g gemahlene Mandeln,*
- *4 Eier,*
- *Butter zum Einfetten,*
- *40 g gehobelte Mandeln,*
- *500 g Schichtkäse,*
- *200 g Zucker,*
- *1 Päckchen Vanillezucker,*
- *1 Päckchen Vanillepuddingpulver,*
- *1 Prise Salz,*
- *8 Pfirsichhälften (Dose).*

Mehl in eine Schüssel sieben, Zitronenschale, Backpulver, 75 g weiche Butter, gemahlene Mandeln und 1 Ei zufügen. Alles mit den Knethaken des Handrührgeräts zu einem glatten Teig verarbeiten. Für 30 Minuten in den Kühlschrank stellen.

Die Form mit etwas Butter einfetten, mit den Mandeln ausstreuen und den Teig hineindrücken, dabei einen Rand arbeiten. Den Teigboden mehrmals mit einer Gabel einstechen und mit einer doppelten Lage Haushaltspapier bedekken. Die Form auf einen umgekehrten Teller stellen und den Teig bei 100 Prozent 3–4 Minuten backen.

Schichtkäse in einem Tuch gründlich ausdrücken.

Restliche Eier trennen. Eigelb mit der übrigen Butter, dem Zucker und Vanillezucker schaumig rühren. Nach und nach Schichtkäse und Puddingpulver einrühren. Eiweiß und Salz zu schnittfestem Schnee schlagen und unter die Quarkmasse heben. Auf den Teig gleiten lassen und die zuvor abgetropften Pfirsichhälften darauf verteilen. Bei 50 Prozent 25–27 Minuten backen. In der Form abkühlen lassen, erst dann herauslösen.

Gesamtgarzeit: 28–31 Minuten.

Lothringer Specktorte

4 Portionen
à ca. 4975 kJ (1180 kcal)

Geschirr: eine flache Schüssel, eine Pie-Form

200 g Weizenmehl Type 405,
150 g weiche Butter, Salz,
1 Eigelb,
1–2 Eßl. Eiswasser,
250 g durchwachsener Speck,
250 g Zwiebeln,
4 Eier,
1/8 l süße Sahne,
200 g geriebener Greyerzer Käse,
1 Bund Schnittlauch,
schwarzer Pfeffer aus der Mühle,
geriebene Muskatnuß.

Das Mehl in eine Schüssel sieben, die in Flocken geschnittene Butter, 1 Prise Salz und Eigelb zufügen und alles mit den Knethaken des Handrührgeräts zu einem krümeligen Teig verarbeiten, danach mit den Händen weiterkneten, bis der Teig geschmeidig ist, dabei nach und nach das Eiswasser zufügen. 30 Minuten in den Kühlschrank stellen.
Den Speck fein würfeln oder in Streifen schneiden. In die Schüssel geben, mit einem Stück Haushaltspapier abdekken und bei 100 Prozent 4 Minuten auslassen.
Die Zwiebeln schälen, mittelgrob würfeln, zum Speck geben und bei 100 Prozent in 5–6 Minuten glasig werden lassen. Den Teig mit kühlen Händen in die Pie-Form drücken und dabei einen Rand arbeiten. Den Teig mit einer Gabel mehrmals einstechen, mit einer doppelten Lage Haushaltspapier belegen und bei 100 Prozent 4 Minuten vorbacken.
Eier, Sahne, Käse und den in feine Röllchen geschnittenen Schnittlauch verquirlen, mit Salz, Pfeffer und Muskatnuß würzen.
Speck und Zwiebeln auf den Teig geben, die Eiermischung darübergießen und die Torte bei 50 Prozent 12–13 Minuten backen.
Gesamtgarzeit: 25–27 Minuten.

Pizza nach Margarita

2 Portionen
à ca. 3710 kJ (880 kcal)

Geschirr: zwei runde Backformen von je 20 cm Durchmesser

1/2 Teel. Zucker,
1 Teel. Trockenhefe,
100 ml lauwarmes Wasser,
150 g Weizenmehl Type 405,
4 Eßl. Olivenöl, Salz,
Mehl zum Kneten und Ausrollen,
8 frische oder aufgetaute TK-Sardellen,
1/2 Bund Basilikum,
150 g Mozzarella,
400 g passierte Tomaten (Fertigprodukt),
4 Eßl. frisch geriebener Parmesankäse.

Zucker und Hefe mit dem Wasser verrühren und 10 Minuten stehen lassen.
Mehl in eine Schüssel sieben, 1 Eßlöffel Öl, 1 Prise Salz und die Hefemischung zufügen. Mit den Knethaken des Handrührgeräts zu einem glatten Teig verarbeiten und mit einem Tuch bedeckt 30 Minuten gehen lassen. Dann mit bemehlten Händen gut durchkneten und zu zwei Kugeln formen. Erneut 10 Minuten gehen lassen, dann auf der bemehlten Arbeitsfläche zu zwei Kreisen von etwa 24 cm Durchmesser ausrollen.
Nebenher die Sardellen längs halbieren, abspülen und trokkentupfen. Das Basilikum waschen, trockenschwenken und die Blätter nicht zu fein hacken. Den Mozzarella abtropfen lassen und in 10–12 Scheiben schneiden.
Teig in die Formen geben und nacheinander bei 100 Prozent 3–4 Minuten vorbacken, dabei die Form jeweils zweimal drehen. Teig mit den passierten Tomaten bestreichen, mit Salz bestreuen und mit der Hälfte des restlichen Olivenöls beträufeln. Sardellen, Basilikum und Mozzarella darüber verteilen. Mit 2 Eßlöffel Parmesan bestreuen. Bei 100 Prozent noch 6–8 Minuten backen. Die zweite Pizza ebenso bereiten.
Gesamtgarzeit: 9–12 Minuten.

Vollkornpizzas

2 Portionen à ca. 4105 kJ (975 kcal)
Geschirr: zwei runde Backformen von 20 cm Durchmesser

Für den Teig:
100 g Weizenschrot,
75 g Grünkernschrot,
2 Eßl. Olivenöl,
2 Eßl. Joghurt,
75 ml Mineralwasser mit Kohlensäure, Salz,
Weizenschrot zum Ausrollen.

Für den Belag:
1 kleine Zwiebel,
1/2 rote Paprikaschote,
4 Kugeltomaten,
200 g passierte Tomaten (Fertigprodukt),
2 Eßl. Olivenöl,
Salz, weißer Pfeffer aus der Mühle,
1/2 Teel. gerebelter Thymian,
1/2 Teel. gerebelter Oregano,
100 g dünne Salami, in Scheiben geschnitten,
150 g Mozzarella.

Für den Teig Weizen- und Grünkernschrot mit 1 Eßlöffel Öl, Joghurt und Mineralwasser verrühren und mit Salz abschmecken. Zugedeckt etwa 1 Stunde quellen lassen. Dann auf dem Weizenschrot zu zwei Kreisen von etwa 24 cm Durchmesser ausrollen und in die mit dem restlichen Öl eingefetteten Formen legen. Bei 100 Prozent nacheinander 4–5 Minuten vorbacken.
Für den Belag die Zwiebel schälen und in dünne Ringe schneiden. Die Paprikaschote von den Samensträngen befreien, waschen, abtrocknen und klein würfeln.
Die Tomaten waschen, abtrocknen und in Achtel schneiden, dabei von den Stengelansätzen befreien.
Die Pizzas gleichmäßig mit passierten Tomaten bestreichen, mit Öl beträufeln, mit Salz, Pfeffer, Thymian und Oregano bestreuen. Mit Salamischeiben, Paprikawürfeln, Zwiebelringen und Tomatenachteln belegen.
Den Käse abtropfen lassen und in dünne Scheiben schneiden und die Pizzas damit belegen. Bei 50 Prozent nacheinander 4–5 Minuten backen, dann rasch servieren.
Gesamtgarzeit: 8–10 Minuten
Variationen: Für **Maispizza** bereiten Sie den Teig ebenso und bestreichen ihn mit passierten Tomaten, die mit je 1 Eßlöffel Olivenöl beträufelt werden. Darauf geben Sie pro Person: 1/2 gewürfelte grüne Paprikaschote, 1 fein gehackte Zwiebel, 1 zerdrückte Knoblauchzehe, je 3 Eßlöffel Maiskörner aus der Dose und 100 g zerpflückten Thunfisch in Öl. Den Thunfisch mit reichlich schwarzem Pfeffer übermahlen. Jede Pizza mit 75 g grob geraffeltem Chester oder mittelaltem Gouda bestreuen und wie beschrieben abbacken.
Wenn Sie mögen, können Sie die passierten Tomaten statt mit Olivenöl mit etwas Thunfischöl beträufeln.

Für **Schafskäsepizza** den Teig wie beschrieben zubereiten und mit passierten Tomaten bestreichen. Mit je 2 Eßlöffel Sonnenblumenöl beträufeln und mit reichlich Dill bestreuen und mit Pfeffer übermahlen. Darauf jeweils 75 g fein gewürfelten Schafskäse und 10 schwarze Oliven verteilen. Mit Rosmarinnadeln bestreuen und backen.

TiP Wenn Ihnen der Teig aus Schrot zu schwer erscheint, bereiten Sie ihn aus Roggenmehl zu, dem Sie 1–2 Eßlöffel Weizenschrot zufügen.

Dillbrot

Insgesamt
ca. 12365 kJ (2930 kcal)

Geschirr: eine kleine Stielkasserolle, eine große Schüssel, eine ovale Backform von etwa 25 cm Länge

1 Teel. Zucker, 4 Eßl. Milch,
1 Würfel Frischhefe (42 g),
500 g Weizenmehl Type 405,
1 Bund Dill,
2 Schalotten, 50 g Butter,
100 g Crème fraîche,
2 Eier, 1 Prise Salz,
Mehl zum Kneten und Ausrollen,
Butter zum Einfetten,
2 Eßl. geschälte Sesamsamen.

Zucker und Milch in der Kasserolle bei 100 Prozent 30 Sekunden erwärmen. Hefe hineinbröckeln und unterrühren. Mehl in die Schüssel geben, eine Mulde hineindrücken und die Hefe hineingießen. Mit etwas Mehl bestäuben und 10 Minuten gehen lassen.
Dill abspülen, trockentupfen und fein schneiden. Die geschälten Schalotten sehr fein würfeln.
Butter in der Kasserolle bei 100 Prozent in 40 Sekunden schmelzen. Mit Dill und Schalotten unter das Mehl heben, erst dann Crème fraîche, Eier und Salz zufügen. Den Teig mit den Knethaken des Handrührgeräts kräftig durcharbeiten. Mit Pergamentpapier abdekken und bei 50 Prozent 20 Sekunden gehen lassen.
Den Teig mit etwas Mehl bestäuben und auf der bemehlten Arbeitsfläche mit den Händen nochmals durcharbeiten. Die Backform ganz dünn einfetten. Teig hineingeben, mit Sesamsamen bestreuen, nochmals bei 50 Prozent 20 Sekunden gehen lassen. 5 Minuten ruhen lassen, den Vorgang zweimal wiederholen, bis das Teigvolumen sich verdoppelt hat.
Die Form auf einen umgedrehten Teller stellen und bei 50 Prozent 6 Minuten, dann bei 100 Prozent noch 4–5 Minuten backen. 3 Minuten ruhen lassen, dann erst stürzen und auf einem Kuchenrost auskühlen.
Gesamtgarzeit (ohne Zeit zum Gehen): 13–14 Minuten.

Rosinenbrot

Insgesamt
ca. 12850 kJ (3045 kcal)

Geschirr: eine kleine Stielkasserolle, eine große Schüssel, eine ovale Backform von etwa 25 cm Länge

100 g kernlose Rosinen,
1 Eßl. Zucker, 200 ml Milch,
1 Würfel Frischhefe (40 g),
1 Msp. gemahlener Safran,
500 g Weizenmehl Type 405,
80 g Butter, 2 Eier,
1 kräftige Prise Salz,
Mehl zum Kneten und zum Formen,
Butter zum Einfetten,
1 Eßl. Mohn zum Bestreuen.

Rosinen waschen und abtropfen lassen. Zucker und Milch in der Kasserolle bei 100 Prozent 45 Sekunden erwärmen. Hefe hineinbröckeln und zusammen mit dem Safran unterrühren. Das Mehl in die Schüssel sieben. Die Hefe-Milch-Mischung in einem dünnen Strahl einlaufen lassen und mit einem Lochlöffel unterrühren. Die Schüssel mit einem Teller bedecken und den Teig bei 50 Prozent 30 Sekunden gehen lassen.
Butter in der Kasserolle bei 50 Prozent 60 Sekunden schmelzen, etwas abkühlen lassen und mit Eiern und Salz verrühren. Unter den Teig rühren und diesen erneut zugedeckt bei 50 Prozent 20 Sekunden gehen lassen.
Den Teig auf die bemehlte Arbeitsfläche geben. Die Rosinen abtrocknen, mit etwas Mehl bestäuben und unter den Teig kneten. Den Teig kneten, bis er glatt und geschmeidig ist. In drei Portionen teilen und jede zu einer Rolle drehen. Zum Zopf formen, in die mit Butter eingefettete Form legen und mit Mohn bestreuen. Mit Folie bedeckt bei 50 Prozent 20 Sekunden gehen, dann 5 Minuten ruhen lassen und den Vorgang wiederholen.
Das Brot auf einen umgedrehten Teller stellen, mit Folie bedecken und bei 50 Prozent 6 Minuten, dann bei 100 Prozent noch 5–6 Minuten backen. 2 Minuten in der Form ruhen lassen, dann zum Auskühlen auf einen Kuchendraht legen.
Gesamtgarzeit: 13–14 Minuten.

Neu und abwechslungsreich: Vollwertkost

Kochen mit naturbelassenen Lebensmitteln, das ist in. Probieren Sie es mal, denn es sieht nicht nur gut aus, es schmeckt auch prima

Rezept nächste Seite

Grünkern-Gemüse-Auflauf

4 Portionen
à ca. 2660 kJ (630 kcal)

Geschirr: eine ovale Auflaufform, eine flache Schüssel

200 g Grünkernkörner,
400 ml Wasser,
2 Würfel Gemüsebrühe,
1 Bund Frühlingszwiebeln,
2 Eßl. Distelöl,
500 g Tomaten,
250 g Möhren,
250 g Staudensellerie,
1 Bund gemischte Kräuter der Saison,
200 g geriebener Emmentaler Käse,
Salz, weißer Pfeffer aus der Mühle,
150 g Mozzarellakäse,
50 g Sonnenblumenkerne.

Grünkernkörner gründlich waschen, abtropfen lassen und über Nacht in dem Wasser quellen lassen. Am nächsten Tag mit dem Einweichwasser in die Auflaufform geben und mit Mikrowellenfolie bedeckt bei 50 Prozent in 25 Minuten ausquellen lassen. Erst dann die Gemüsebrühwürfel unterrühren.
Frühlingszwiebeln putzen und schräg in Ringe schneiden. Öl bei 100 Prozent in der Schüssel 1 Minute erhitzen, die Zwiebeln hineingeben und bei 100 Prozent 2 Minuten dünsten.
Tomaten mit kochendem Wasser überbrühen, häuten und quer in Scheiben schneiden. Möhren schaben und fein raffeln. Den Sellerie putzen und in dünne Streifen schneiden. Das Selleriegrün mit den Kräutern zusammen abspülen, trockentupfen und grob hacken.
Grünkern aus der Form nehmen, dann alle vorbereiteten Zutaten und den geriebenen Käse lagenweise einschichten, dabei das Gemüse mit Salz und Pfeffer würzen. Den abgetropften Mozzarella in Scheiben schneiden und den Auflauf damit bedecken. Mit Sonnenblumenkernen bestreuen und bei 100 Prozent 10 Minuten garen.
Gesamtgarzeit: 38 Minuten.

Paprikaschoten mit Rosinenreis

4 Portionen
à ca. 1910 kJ (455 kcal)

Geschirr: eine Schüssel, eine hohe Auflaufform

125 g Langkornreis,
200 ml Wasser,
50 ml trockener Weißwein,
Salz, Currypulver,
4 gelbe oder rote Paprikaschoten,
4 Ringe Ananas aus der Dose,
100 g kernlose Rosinen,
4 Stengel Dill,
50 g Pinienkerne,
1/8 l Fleischbrühe aus Würfeln,
100 g Crème fraîche.

Reis mit Wasser und Wein in der Schüssel vermischen. Mit Mikrowellenfolie locker abdecken und bei 100 Prozent 5 Minuten ankochen. Anschließend bei 50 Prozent in 18–20 Minuten ausquellen lassen. Erst dann mit Salz und pikant mit Curry abschmecken.
Die Paprikaschoten waschen, die Unterseite als Deckel abschneiden und die Schoten mit einem spitzen Messer von den Samensträngen befreien. Ananasringe abtropfen lassen und in feine Stücke schneiden.
Die Rosinen in einem Sieb unter heißem Wasser waschen und abtropfen lassen.
Dill abspülen, trockentupfen und fein schneiden. Zusammen mit Ananas, Rosinen und Pinienkernen unter den Reis mischen und alles in die Paprikaschoten füllen. Die Schoten in die Auflaufform setzen und mit der Fleischbrühe umgießen. Die Deckel auflegen. Die Form mit Mikrowellenfolie überziehen und einige Löcher in die Folie stechen. Die Schoten bei 100 Prozent 10 Minuten garen.
Die Schoten aus der Form nehmen. Den Sud mit Crème fraîche verrühren und als Soße zu den Paprikaschoten reichen.
Gesamtgarzeit: 33–35 Minuten.

Türkische Auberginen

4 Portionen
à ca. 2575 kJ (610 kcal)
Geschirr: eine ovale Form

4 mittelgroße Auberginen von je etwa 300 g, Salz,
4 mittelgroße Zwiebeln,
6 Eßl. Olivenöl,
4 Knoblauchzehen,
8 feste Kugeltomaten,
1 rote Paprikaschote,
1 gelbe Paprikaschote,
1/2 Bund Basilikum,
300 g Mozzarellakäse,
100 ml trockener Weißwein,
schwarzer Pfeffer aus der Mühle,
4 Eßl. Sonnenblumenkerne.

Auberginen putzen, waschen und längs in Fächer schneiden. Die Schnittflächen dick mit Salz bestreuen und 30 Minuten Wasser ziehen lassen. Die Zwiebeln schälen und fein würfeln. 2 Eßlöffel Öl in der Form bei 100 Prozent 30 Sekunden erhitzen, die Zwiebeln hineingeben und bei 100 Prozent in 2 1/2 Minuten glasig werden lassen.
Die Knoblauchzehen schälen, grob hacken, mit etwas Salz zu einem Brei zerstoßen, mit dem restlichen Öl vermischen.
Tomaten mit kochendem Wasser überbrühen, häuten und dabei von den grünen Stengelansätzen befreien. 4 Tomaten in Scheiben schneiden, die übrigen entkernen und das Fruchtfleisch grob würfeln.
Beide Paprikaschoten putzen, waschen und in Streifen schneiden. Basilikum abspülen und die Hälfte der Blätter hacken. Den abgetropften Käse in Scheiben schneiden.
Wein, gehackte Tomaten und gehacktes Basilikum mit den Zwiebeln vermischen. Die abgespülten, trockengetupften Auberginenfächer hochkant in die Form stellen, mit Paprikastreifen, Basilikumblättern, Tomaten- und Käsescheiben füllen, mit Pfeffer übermahlen und mit Sonnenblumenkernen bestreuen. Die Form mit Mikrowellenfolie überziehen und die Auberginen bei 75 Prozent 25 Minuten garen.
Dazu Reis oder Weizengrütze reichen.
Gesamtgarzeit: 28 Minuten.

Kichererbsengemüse

4 Portionen
à ca. 2150 kJ (510 kcal)

Geschirr: eine hohe Schüssel, eine Kasserolle

250 g Kichererbsen,
1 l Wasser, 2 Zwiebeln,
2 Frühlingszwiebeln,
2 junge Stangen Lauch,
4 Eßl. Olivenöl,
1 Knoblauchzehe,
1 rote Paprikaschote,
2 mittelgroße Möhren,
2 kleine Zucchini,
Vollmeersalz,
schwarzer Pfeffer,
1 Prise Koriander,
einige Zweige Zitronenmelisse,
150 g weißer Schafskäse.

Kichererbsen waschen, abtropfen und über Nacht in der Schüssel mit Wasser bedeckt quellen lassen. Am nächsten Tag die Schüssel mit Mikrowellenfolie überziehen und die Kichererbsen bei 100 Prozent 10 Minuten ankochen, dann bei 50 Prozent in 30 Minuten ausquellen.
Die Zwiebeln schälen und sehr fein würfeln. Frühlingszwiebeln und Lauch putzen, waschen, abtropfen lassen und schräg in dünne Ringe schneiden.
Das Öl in der Kasserolle bei 100 Prozent 1 Minute erhitzen und Zwiebeln und Lauch hineingeben. Die Knoblauchzehe durch die Presse darüberdrücken. Alles bei 100 Prozent in 3–4 Minuten glasig braten.
Die Paprikaschote putzen, waschen und fein würfeln. Die geschälten Möhren grob raffeln, die abgespülten, geputzten Zucchini in dünne Scheiben schneiden. Zu der Zwiebelmischung geben und mit einem umgestülpten Teller bedeckt bei 100 Prozent 6 Minuten garen. Gemüse zweimal durchrühren. Mit den abgegossenen Kichererbsen vermischen und bei 100 Prozent 4 Minuten erhitzen. Mit Salz, Pfeffer und Koriander würzen, mit gehackten Melisseblättchen vermengen und den Käse darüberreiben.
Gesamtgarzeit: 53 Minuten.

Indisches Linsencurry

4 Portionen
à ca. 1750 kJ (415 kcal)

Geschirr: eine hohe Schüssel

200 g keimfähige Linsen aus dem Reformhaus,
100 g Sprieskornweizen,
250 g kleine Zwiebeln,
5 Eßl. Distelöl,
1–2 Eßl. Currypulver,
1/2 l Gemüsebrühe aus Würfeln,
1 kleiner süß-säuerlicher Apfel,
1 Knoblauchzehe,
Vollmeersalz,
1 kräftige Prise Ingwerpulver,
1 kräftige Prise gemahlener Koriander.

Die Linsen und den Weizen getrennt voneinander, gründlich waschen und über Nacht einweichen, dann abspülen und 48 Stunden in einer Keimbox oder auf einem feuchten Wattebett keimen lassen.
Die geschälten, längs in Achtel geschnittenen Zwiebeln mit dem Öl in die Schüssel geben und bei 100 Prozent in 4 Minuten glasig werden lassen, einmal umrühren. Currypulver einrühren und bei 50 Prozent 1 Minute anschwitzen.
Linsen und Weizen abspülen, abtropfen lassen und mit der Brühe unter die Zwiebeln mischen. Mit einem umgestülpten Teller bedeckt bei 100 Prozent 15 Minuten garen, dabei alle 5 Minuten umrühren.
Den Apfel schälen, vierteln, von Kerngehäuse, Blüten- und Stengelansatz befreien und in dünne Schnitze teilen. Unter das Curry heben. Die geschälte Knoblauchzehe durch die Presse darüberdrücken und das Gericht mit Vollmeersalz, Ingwerpulver, Koriander und nach Belieben noch etwas Curry würzen. Mit dem Teller bedeckt bei 100 Prozent noch 5 Minuten garen.
Dazu Blattspinat reichen.
Gesamtgarzeit: 25 Minuten.

Schmorgurken mit Grünkernschrot

2 Portionen à ca. 1795 kJ (425 kcal)
Geschirr: eine halbhohe Schüssel, eine flache Auflaufform

- *100 g Grünkernschrot,*
- *1/8 l Gemüsebrühe,*
- *2 große grüne oder gelbe Schmorgurken,*
- *Vollmeersalz,*
- *2 Zwiebeln,*
- *4 Eßl. Sonnenblumenöl,*
- *1 Bund glatte Petersilie,*
- *4 Kugeltomaten,*
- *50 g geschälte Erdnüsse,*
- *schwarzer Pfeffer aus der Mühle,*
- *100 ml trockener Weißwein,*
- *75 g geriebener Emmentaler Käse,*
- *2 Eßl. Crème fraîche.*

Grünkernschrot und 200 ml Gemüsebrühe in der Schüssel verrühren und bei 50 Prozent 15 Minuten ausquellen lassen.
Die Gurken unter fließendem Wasser gut abbürsten, längs aufschneiden und mit einem Löffel entkernen. Das Fruchtfleisch mit Salz bestreuen.
Die Zwiebeln schälen, sehr fein würfeln, mit dem Öl in die Auflaufform geben und bei 100 Prozent in 4 Minuten glasig braten.
Petersilie abspülen, trockentupfen und fein hacken. Die Tomaten mit kochendem Wasser überbrühen, häuten, vierteln, entkernen und die grünen Stengelansätze entfernen. Das Fruchtfleisch grob hacken.
Die Erdnüsse kurz in einer Pfanne ohne Fettzugabe rösten, dann in einem Tuch abreiben, damit die dünne Haut abgeht. Die Nüsse im Mixer nicht zu fein mahlen oder durch die Mandelmühle drehen.
Zwiebeln, Petersilie, Tomatenwürfel und Erdnüsse unter den Grünkernschrot mischen. Mit Salz und Pfeffer abschmecken, in die Gurkenhälften füllen.
Die restliche Brühe und den Wein in die Auflaufform gießen. Die gefüllten Gurken hineinsetzen und die Form mit Mikrowellenfolie überziehen. Die Gurken bei 100 Prozent 6 Minuten ankochen, dann bei 50 Prozent in 8 Minuten zu Ende garen. Dabei nach 4 Minuten die Form einmal um 180 Grad drehen.
Die Folie entfernen, den Käse über die Gurken streuen und die Crème fraîche in den Schmorfond einrühren. Bei 100 Prozent noch 3 Minuten schmoren. Die Gurken dürfen noch etwas Biß haben. Den Fond mit Salz und Pfeffer abschmecken.
Dazu Kartoffelpüree oder Naturreis servieren.
Gesamtgarzeit: 28 Minuten.
Variationen: Statt mit Grünkernschrot können Sie die Gurken auch mit **Hirse,** in Gemüsebrühe gekocht, oder mit ebenfalls in Gemüsebrühe gegartem **Weizenschrot** füllen.
Sehr gut schmeckt es auch, wenn Sie auf den Emmentaler Käse verzichten und statt dessen 125 g im Würfel geschnittenen Mozzarella unter die Füllung mischen.

TIP Selbstverständlich können Sie die Tomaten zum Häuten auch in das Mikrowellengerät geben. Dazu werden sie oben über Kreuz nur wenig angeritzt, auf einen Teller gelegt und bei 100 Prozent etwa 2 Minuten erhitzt. Dabei den Teller alle 30 Sekunden um 180 Grad drehen. Beachten Sie aber bitte, daß weiche Tomaten dabei leicht zusammenfallen. Feste Tomaten hingegen müssen 1–2 Minuten länger garen, bis die Schale sich abziehen läßt. Achtung: alle Früchte sind immer sehr heiß, sie brauchen also eine gewisse Abkühlzeit.

Paprika mit Tofufüllung

2 Portionen
à ca. 950 kJ (225 kcal)

Geschirr: eine ovale Auflaufform

300 g Tofu,
1/2 gelbe Paprikaschote,
1 kleine Zwiebel,
1/2 Bund Petersilie,
4 Stengel Thymian,
Sojasauce,
Vollmeersalz,
Cayennepfeffer,
2 rote Paprikaschoten,
200 g passierte Tomaten (Fertigprodukt),
4 Eßl. trockener Weißwein,
Zwiebelsalz.

Den Tofu in einem Tuch kräftig auspressen, dann mit einer Gabel sehr fein zerdrücken.
Die gelbe Paprikaschote putzen, waschen und würfeln. Die geschälten Zwiebeln ganz fein würfeln. Die abgespülten, trockengetupften Kräuter fein hakken. Alles mit dem Tofu vermischen und pikant mit Sojasauce, Vollmeersalz und Cayennepfeffer würzen.
Die Paprikaschoten längs aufschneiden, von den Samensträngen befreien, waschen und abtropfen lassen. Die Tofufüllung hineingeben.
Passierte Tomaten und Weißwein in der Form vermischen, mit Zwiebelsalz und etwas Cayennepfeffer abschmecken. Die Paprikaschoten hineinsetzen und mit Mikrowellenfolie überzogen bei 100 Prozent 8 Minuten vorgaren, dann bei 50 Prozent noch 4 Minuten garen. Die Form nach 4 und nach 8 Minuten jeweils um 180 Grad drehen.
Dazu Reis servieren.
Gesamtgarzeit: 12 Minuten.

Tomaten mit Champignonfüllung

4 Portionen
à ca. 1180 kJ (280 kcal)

Geschirr: eine Auflaufform

8 feste Kugeltomaten,
Vollmeersalz,
250 g feste, braune Champignons (Egerlinge),
3 Zwiebeln,
50 g Butter,
1 Bund gemischte Kräuter der Saison,
50 g gehackte Haselnüsse,
50 g Grahampaniermehl,
2 kleine Eier,
weißer Pfeffer aus der Mühle,
1/8 l Gemüsebrühe aus Würfeln.

Von den gewaschenen Tomaten einen Deckel abschneiden. Das Fruchtfleisch mit einem Löffel herauslösen. Die Tomaten mit Salz ausstreuen und stehen lassen.
Die Pilze putzen, nicht waschen, sondern nur mit einem Tuch abreiben. Dann Stiele und Köpfe mittelgrob hacken. Die geschälten Zwiebeln fein würfeln und in 30 g Butter glasig braten, die Champignons zufügen und unter Rühren schmoren, bis kaum noch Flüssigkeit vorhanden ist.
Die Kräuter abspülen, trockentupfen und hacken. Zusammen mit den Haselnüssen, der Hälfte des Paniermehls und den Eiern unter die Pilzmasse rühren. Mit Salz und Pfeffer würzen. Die Tomaten mit der Öffnung nach unten etwas abtropfen lassen, dann mit der Pilzfarce füllen.
Die Brühe in die Auflaufform geben. Die Tomaten hineinsetzen und mit dem restlichen Paniermehl bestreuen. Die noch übrige Butter in kleinen Flöckchen über die Tomaten verteilen. Mit Mikrowellenfolie überziehen und bei 100 Prozent 5 Minuten vorgaren. Die Folie entfernen und die Tomaten bei 50 Prozent in 6–8 Minuten fertig garen.
Gesamtgarzeit: 11–13 Minuten.

Kartoffeln mit Kräuterfüllung

4 Portionen
à ca. 2340 kJ (535 kcal)

Geschirr: eine mittelhohe Schüssel, eine Auflaufform

250 g Rosenkohl,
1/4 l Gemüsebrühe,
8 gleichmäßige Kartoffeln von je etwa 125 g,
2 Zwiebeln,
2 Bund gemischte Kräuter,
2 hartgekochte Eier,
75 g Butter, Vollmeersalz,
weißer Pfeffer aus der Mühle,
geriebene Muskatnuß,
1 Eßl. Mehl,
1/8 l süße Sahne,
2 Eigelb,
1 Teel. Currypulver.

Rosenkohl putzen, waschen und die Unterseiten über Kreuz einschneiden. Mit der Gemüsebrühe in die Schüssel geben, mit einem umgestülpten Teller bedecken und bei 100 Prozent 5–6 Minuten vorgaren. Einmal umrühren und in 6–7 Minuten bei 50 Prozent zu Ende garen. Aus der Brühe nehmen. 1/8 l Brühe abmessen.
Die Kartoffeln schälen und in der Form anrichten. Mit etwas Salz bestreuen und 8 Eßlöffel Wasser zufügen. Mit Mikrowellenfolie bedeckt 15–20 Minuten bei 100 Prozent garen. 5 Minuten ruhen lassen.
Von den Kartoffeln einen Dekkel abschneiden. Das Innere herauslösen, mit den fein gewürfelten Zwiebeln, gehackten Kräutern und gehackten Eiern sowie 50 g Butter vermengen und mit Salz, Pfeffer und Muskatnuß würzen. Dann in die Kartoffeln füllen.
Aus der restlichen Butter, Mehl, Brühe und Sahne wie unten beschrieben in der Auflaufform eine helle Soße bereiten, mit Eigelb verfeinern, mit Salz und Curry würzen. Die Kartoffeln hineinsetzen und den Rosenkohl dazwischengeben. Bei 100 Prozent noch 5 Minuten garen.
Nach Belieben mit Streifen von eingelegter Paprika garnieren.
Gesamtgarzeit: 31–38 Minuten.

Lauchauflauf

4 Portionen
à ca. 1730 kJ (410 kcal)

Geschirr: eine flache Auflaufform

800 g gleichmäßige Stangen Lauch (Porree),
100 ml Gemüsebrühe,
60 g Butter,
2 Eßl. Mehl,
200 ml Milch,
100 ml süße Sahne,
100 g geriebener Emmentaler Käse,
Vollmeersalz,
weißer Pfeffer aus der Mühle,
geriebene Muskatnuß.

Die Lauchstangen von den grünen Teilen befreien, dann gründlich waschen. Zusammen mit der Gemüsebrühe in die Form geben, mit Mikrowellenfolie überziehen und bei 100 Prozent 15 Minuten garen, dabei einmal umdrehen. Herausnehmen und die Brühe beiseite stellen.
Butter in der Form bei 100 Prozent in 1–2 Minuten aufschäumen lassen. Das Mehl einrühren, mit Milch, Sahne und Brühe verrühren und bei 100 Prozent 5–6 Minuten köcheln lassen, dabei zweimal umrühren. Die Soße mit 75 g Käse verrühren, dann mit Salz, Pfeffer und Muskatnuß abschmecken. Die Lauchstangen in die Soße geben und mit dem restlichen Käse bestreuen. Bei 100 Prozent noch 2–3 Minuten garen. Dann einige Minuten ruhen lassen.
Gesamtgarzeit: 23–26 Minuten.
Hinweis: Soll der Käse bräunen, muß der Auflauf kurz unter den vorgeheizten Grill geschoben werden.

TIP Das Lauchgrün gründlich waschen, abtropfen lassen und in einem Gefrierbeutel in den Kühlschrank legen. Am nächsten Tag feingeschnitten als Gemüse bereiten.

Zucchini in Tomatensoße

4 Portionen
à ca. 1855 kJ (440 kcal)

Geschirr: eine Stielkasserolle, eine Auflaufform

2 Zwiebeln,
1 Knoblauchzehe,
250 g kleine, weiße Champignons,
1/2 Bund gemischte Kräuter,
3 Eßl. Distelöl,
2 hartgekochte Eier,
2 Eßl. geschälte Sonnenblumenkerne, 2 Eier,
100 g geriebener Emmentaler Käse,
Salz, weißer Pfeffer,
4 mittelgroße Zucchini,
30 g Butter,
200 g passierte Tomaten,
1/8 l Gemüsebrühe.

Zwiebeln und Knoblauch schälen und sehr fein würfeln. Champignons putzen, einige in Scheiben schneiden, die übrigen hacken. Kräuter abspülen, trockentupfen und hacken.
Das Öl in der Kasserolle bei 100 Prozent in 1 Minute erhitzen. Die vorbereiteten Zutaten hineingeben und bei 100 Prozent 3 Minuten braten, dabei zweimal umrühren.
Die hartgekochten Eier schälen und würfeln. Zusammen mit den Sonnenblumenkernen, den frischen Eiern und 50 g Käse unter den Inhalt der Kasserolle mengen. Mit Salz und Pfeffer abschmecken.
Die Zucchini putzen, waschen, längs halbieren und die Kerne mit dem weichen Fruchtfleisch mit einem Löffel entfernen.
Die Auflaufform mit etwas Butter einfetten, die Zucchinihälften hineingeben und füllen. Mit dem restlichen Käse bestreuen. Die restliche Butter in Flöckchen darauf verteilen. Passierte Tomaten und Brühe um die Zucchini gießen. Die Champignonscheiben hineingeben. Mit Mikrowellenfolie überzogen bei 100 Prozent 5 Minuten vorgaren, dann ohne Folie bei 50 Prozent in 7–8 Minuten zu Ende garen.
Gesamtgarzeit: 16–17 Minuten.

Paprika mit Maisfüllung

4 Portionen
à ca. 2170 kJ (515 kcal)

Geschirr: eine Auflaufform

3 grüne Paprikaschoten,
Salz,
40 g Butter,
4 schnittfeste Tomaten,
200 g kleine, weiße Champignons,
1 Dose Maiskörner (425 g Einwaage),
150 g Crème fraîche,
125 g Emmentaler oder Greyerzer Käse,
Paprika edelsüß,
1/2 Bund Schnittlauch.

Die Paprikaschoten quer halbieren, von den Samensträngen befreien und waschen. In reichlich Salzwasser 2–3 Minuten blanchieren, dann abtropfen lassen. Die Auflaufform mit der Butter einfetten und die Schotenhälften hineinsetzen.
Die Tomaten mit kochendem Wasser überbrühen, häuten, vierteln, entkernen und das Fruchtfleisch grob würfeln.
Die Champignons putzen, nicht waschen, in dünne Scheiben schneiden. Beides mit den abgetropften Maiskörnern, der Crème fraîche und der Hälfte des Käses vermischen. Mit Salz und Paprika edelsüß würzen und in die Paprikaschoten füllen. Mit dem restlichen Käse bestreuen und bei 100 Prozent etwa 10 Minuten garen.
Den Schnittlauch abspülen, trockentupfen und in feine Röllchen schneiden. Die Paprikaschoten damit bestreuen.
Dazu Salzkartoffeln oder Naturreis servieren.
Gesamtgarzeit: 10 Minuten.
Variation: Statt mit geriebenem Greyerzer können Sie die Füllung auch mit Mozzarella vermischen und die Paprikaschoten mit geriebenem Schafskäse bestreuen.

Gemüse-risotto mit Käse

4 Portionen
à ca. 2470 kJ (585 kcal)

Geschirr: eine hohe Servierschale

1 Bund Frühlingszwiebeln,
3 Eßl. Olivenöl,
1 rote Paprikaschote,
1 mittelgroße Zucchini,
200 g Langkornreis,
1/8 l Wasser,
1/8 l trockener Weißwein,
Salz, weißer Pfeffer aus der Mühle,
1/4 frischer Wirsing,
200 g Blumenkohlröschen,
150 g frisch gepalte Erbsen,
50 g geriebener Greyerzer Käse,
75 g geriebener Emmentaler Käse,
50 g Butter.

Frühlingszwiebeln putzen und in Ringe schneiden. Öl in der Schale bei 100 Prozent 1 Minute erhitzen und die Zwiebeln darin 2 Minuten braten.
Paprikaschote und Zucchini putzen, waschen und würfeln. Zu den Zwiebeln geben und bei 100 Prozent 2 Minuten vorgaren. Reis, Wasser und Wein einrühren, mit Salz und Pfeffer würzen und bei 100 Prozent 3–4 Minuten vorkochen, dann bei 50 Prozent 12 Minuten ausquellen lassen.
Den Wirsing putzen, waschen und in schmale Streifen schneiden. Blumenkohlröschen und Erbsen waschen und abtropfen lassen. Mit den beiden Käsesorten und der Butter unter den Reis heben und alles noch mal 5 Minuten bei 100 Prozent garen, dabei ein- bis zweimal umrühren.
Den fertigen Risotto mit Salz und Pfeffer nachwürzen.
Gesamtgarzeit: 25–26 Minuten.

Tofutopf

4 Portionen
à ca. 1770 kJ (420 kcal)

Geschirr: eine mittelhohe Auflaufform mit Deckel, ein flacher Teller

500 g Tofu,
400 g Zucchini,
4 Stangen Bleichsellerie,
200 g braune Champignons,
6 Frühlingszwiebeln,
2 Schalotten,
2 Knoblauchzehen,
6 Eßl. Olivenöl,
4 Eßl. Sojasauce,
250 g Tomaten in Stücken oder passierte Tomaten (beides Fertigprodukte),
Kräutermeersalz,
1 Eßl. Reis- oder Maisstärke,
50 g blättrig geschnittene Mandeln.

Den abgetropften Tofu längs halbieren und quer in 5 mm dicke Streifen schneiden. Zucchini und Sellerie putzen, waschen und schräg in ebenso dicke Scheiben schneiden. Das Selleriegrün aufheben. Champignons putzen, mit einem Tuch abreiben und mit dem Eischneider in Scheiben teilen. Geputzte Frühlingszwiebeln in feine Ringe, geschälte Schalotten sehr klein würfeln, geschälten Knoblauch fein hacken, dann mit dem Öl in der Auflaufform vermischen und mit Haushaltspapier bedeckt bei 100 Prozent 3 Minuten glasig dünsten. Das übrige Gemüse und die Tofustreifen zufügen, mit Sojasauce beträufeln und zugedeckt bei 100 Prozent 12 Minuten garen. Erst dann die Tomaten darüber verteilen, mit Salz würzen und das Gericht erneut zugedeckt bei 100 Prozent 5 Minuten garen.
Nebenher das gewaschene, trockengetupfte Selleriegrün fein hacken. Die Stärke in etwas Wasser glattrühren und unter das Gemüse mischen. Bei 100 Prozent in 1 Minute ausquellen lassen. Den Tofutopf zugedeckt nachgaren lassen. Mandeln in einer Pfanne ohne Fettzugabe goldgelb rösten. Mit dem Selleriegrün über das Gericht verteilen.
Dazu Reis oder Vollkornbaguette servieren.
Gesamtgarzeit: 21 Minuten.

Krautwickel in Pfefferrahmsoße

4 Portionen à ca. 2025 kJ (480 kcal)
Geschirr: eine flache Schale

1 großer Rotkohl von etwa 1 kg, Salz,
2 kleine Zwiebeln,
4 Eßl. Sonnenblumenöl,
1/8 l trockener Rotwein,
50 g gehackte Haselnüsse,
50 g Grahampaniermehl,
1 Ei,
1 Eigelb,
weißer Pfeffer aus der Mühle,
gemahlener Koriander,
1 kleiner, süßer Apfel, zum Beispiel Cox Orange,
1/8 l Gemüsebrühe aus Würfeln,
1/8 l süße Sahne,
2 Teel. dunkler Soßenbinder,
1 Eßl. eingelegte grüne Pfefferkörner.

Den Rotkohl von den äußeren welken Blättern befreien und den Strunk keilförmig herausschneiden.
Reichlich Salzwasser in einem großen Topf zum Kochen bringen. Den Kohl einlegen und 5–8 Minuten blanchieren, bis die äußeren Blätter weich sind. Den Kohl gut abtropfen lassen, dann 16 Blätter ablösen. Jeweils die Mittelrippe etwas einschneiden und je 2 Blätter so zusammenlegen, daß sich 8 in etwa gleichgroße Rouladengrundlagen bilden.
Das Kohlinnere sehr fein hakken.
Die Zwiebeln schälen und würfeln. Das Öl in der Schale bei 100 Prozent 1 Minute erhitzen, dann die Zwiebeln in 2 Minuten glasig braten. Den Kohl zufügen, mit 6 Eßlöffel Rotwein beträufeln und mit einem umgestülpten Teller bedeckt bei 100 Prozent 3 Minuten andünsten. Dann einmal kräftig umrühren und zugedeckt noch weitere 10–12 Minuten dünsten.
Die Masse etwas abkühlen lassen, mit Haselnüssen, Grahampaniermehl, Ei und Eigelb verrühren. Mit Salz, Pfeffer und Koriander pikant würzen.
Den geschälten Äpfel reiben und unter den Kohl mischen. Die Masse auf die Kohlblätter geben und diese zu Rouladen zusammensetzen. Mit Garn umwickeln und in die Schale legen. Den restlichen Rotwein und die Brühe angießen und die Rouladen mit dem umgekehrten Teller bedeckt bei 100 Prozent 10 Minuten garen. Dabei zweimal wenden.
Die Rouladen aus dem Sud nehmen. Die Sahne in den Sud einrühren und die Mischung bei 100 Prozent 2 Minuten erhitzen, erst dann den Soßenbinder einrühren und die Soße bei 100 Prozent in 3 Minuten aufkochen lassen. Dabei zweimal umrühren. Mit Salz, Koriander und den Pfefferkörnern würzen. Einen Teil der Soße über die Rouladen gießen, den Rest getrennt reichen.
Dazu Kartoffelpüree oder Salzkartoffeln reichen.
Gesamtgarzeit: 16–18 Minuten.
Variation: Ebenso können Sie auch **Weißkrautwickel** zubereiten. Sie sollten dann jedoch mit Weißwein bereitet werden. Zum Andicken der Soße weißen Soßenbinder und zum Würzen Paprika rosenscharf oder Cayennepfeffer nehmen.

TIP Fertig gekaufter, fein oder grob gemahlener Pfeffer verliert wie alle gemahlenen Gewürze leichter als ganze Körner seine Würzkraft. Darum sollte man ihn stets nur in kleinen Mengen kaufen und dunkel aufbewahren. Besser jedoch ist es, ganze Pfefferkörner zu kaufen und sie je nach Bedarf in einem kleinen Mörser zerstoßen oder aus der Pfeffermühle über das Gericht geben.

Reis-pudding mit Kirschen

4 Portionen
à ca. 1650 kJ (390 kcal)

Geschirr: eine hohe Auflaufform

125 g Milchreis (Rundkornreis),
1/2 Vanilleschote,
400 ml Milch,
400 g dunkle Süßkirschen,
4 Eigelb,
75 g Zucker,
1 Teel. abgeriebene Zitronenschale,
4 Eiweiß,
1 Teel. Zitronensaft,
1 Prise Salz.

Reis, ausgeschabtes Mark der Vanilleschote, die Schote und die Milch in die Auflaufform geben und bei 100 Prozent 5 Minuten vorgaren, dann bei 50 Prozent in 15–18 Minuten ausquellen lassen. Die Vanilleschote entfernen.
Nebenher die Kirschen entstielen, waschen, abtropfen lassen und entsteinen.
Eigelb mit Zucker und Zitronenschale schaumig rühren. Eiweiß mit Zitronensaft und Salz zu schnittfestem Schnee schlagen. Auf den Eigelbschaum gleiten lassen, beides vermengen und zusammen mit der Hälfte der Kirschen unter den Reis mischen. Die restlichen Kirschen auf der Oberfläche verteilen.
Den Pudding bei 100 Prozent 12 Minuten garen, bis das Eiweiß gestockt ist.
Gesamtgarzeit: 32–35 Minuten.
Hinweis: Selbstverständlich können Sie den Pudding auch mit Kirschen aus dem Glas zubereiten. Diese müssen aber sehr gut abgetropft werden. Den Saft kann man mit etwas Speisestärke angedickt als Soße zu dem Pudding reichen.

Brotauflauf mit Kirschen

4 Portionen
à ca. 2575 kJ (610 kcal)

Geschirr: eine gerade, hohe Auflaufform

200 g altbackenes Schwarzbrot,
50 g geriebene Blockschokolade,
4 Eigelb,
75 g Zucker,
1/4 Teel. Naturvanille,
1 kräftige Prise Zimt,
1 Prise Ingwerpulver,
4 Eiweiß,
1 Prise Salz,
100 g gemahlene Haselnüsse,
Butter oder Margarine zum Einfetten,
400 g abgetropfte Sauerkirschen aus dem Glas.

Das Schwarzbrot entrinden und im Mixer fein pürieren, dabei nach und nach die Schokolade zugeben.
Eigelb mit Zucker und den übrigen Gewürzen schaumig rühren, bis der Zucker sich ganz aufgelöst hat.
Eiweiß mit Salz zu schnittfestem Schnee schlagen und auf den Eigelbschaum gleiten lassen. Darauf die Nüsse und die Brot-Schokoladen-Mischung geben. Alles locker, aber sehr gründlich vermengen.
Die Form einfetten und ein Drittel der Auflaufmasse einfüllen, darüber die Hälfte der Kirschen geben, dann wieder ein Drittel Teig und die übrigen Kirschen einfüllen. Mit dem restlichen Teig bedecken.
Den Auflauf bei 100 Prozent in 8–10 Minuten garen, dann 5 Minuten ruhen lassen.
Gesamtgarzeit: 8–10 Minuten.
Variation: Statt Schwarzbrot kann man auch Reste von trockenem Kuchen für den Auflauf verwenden. Besonders gut eignen sich Rührkuchen wie Sand- oder Marmorkuchen.

Haferflocken-auflauf mit Äpfeln

4 Portionen
à ca. 2470 kJ (585 kcal)

Geschirr: eine runde Auflaufform

- *110 g weiche Butter oder Margarine,*
- *3 Eigelb,*
- *100 g Zucker,*
- *1 Teel. abgeriebene Zitronenschale,*
- *100 ml Milch,*
- *125 g kernige Vollkorn-haferflocken,*
- *20 g Speisestärke,*
- *1 Teel. Backpulver,*
- *500 g süßsaure Äpfel, zum Beispiel Jonathan,*
- *3 Eiweiß,*
- *1 Prise Salz.*

Mit etwas Butter oder Margarine die Form einfetten.
Das übrige Fett mit Eigelb, Zucker und Zitronenschale mit den Schneebesen des Handrührgeräts schaumig rühren. Milch, Haferflocken, Speisestärke und Backpulver zufügen und alles gründlich vermischen.
Die Äpfel schälen. Einen mit dem Apfelausstecher entkernen und quer in Ringe schneiden. Die übrigen Äpfel vierteln, von Kerngehäusen, Blüten- und Stengelansätzen befreien und in Schnitze teilen.
Eiweiß mit Salz zu schnittfestem Schnee schlagen und unter die Auflaufmasse heben, dann die Apfelschnitze untermischen. Die Masse in die Auflaufform geben und die Apfelscheiben darauflegen. Bei 100 Prozent 18 Minuten vorgaren, dann bei 25 Prozent 6 Minuten nachgaren und 5 Minuten ruhen lassen.
Dazu kann nach Belieben halbsteife Schlagsahne oder Vanillesoße serviert werden.
Gesamtgarzeit: 24 Minuten.

Wissenswertes rund um die Mikrowelle

Damit Sie Ihr Mikrowellengerät optimal nutzen können und Ihnen unsere Rezepte auch wirklich gelingen, finden Sie auf den nächsten Seiten Hinweise, die Sie unbedingt beachten sollten und – ganz wichtig – für die verschiedenen Gerätetypen eine Umrechnungstabelle für die Garzeiten der Speisen

Tips rund um die Mikrowelle

Apfelmus oder Apfelkompott gelingt in der Mikrowelle besonders gut. Für Kompott 500 g (geputzt gewogene) Äpfel in Achtel oder dicke Scheiben schneiden. Mit 75 g Zucker, etwas Zimt und Zitronensaft in ein Gargeschirr geben, mit einem Teller bedekken und bei 100 Prozent in 5–9 Minuten (je nach Sorte) weich werden lassen. Dabei einmal umrühren. Nach 5 Minuten die erste Garprobe machen.
Für Apfelmus 500 g in Würfel oder Scheiben geschnittene Äpfel mit Zucker, Zimt und etwas Zitronenschale in das Geschirr geben. Zugedeckt bei 100 Prozent 10–12 Minuten garen, dabei hin und wieder umrühren, damit die Früchte musig werden.
Ebenso kann man ein Mus von **Pfirsichen, Nektarinen** und **Aprikosen** zubereiten. Die Pfirsiche werden vorher abgezogen, Nektarinen- und Aprikosenpüree wird durchpassiert.

Braten gelingen mit dem eingebauten **Bratthermometer (Temperaturfühler)** besonders gut. Die genaue Bedienung entnehmen Sie bitte der Herstelleranweisung.
<u>Die richtigen Kerntemperaturen sind:</u>
Rinderbraten . . . . . . 80–85°
Rinderfilet und Roastbeef
durchgebraten . . . . 75°
medium. . . . . 70°
englisch. . . . . .60–65°
Schweinebraten . . . . . . 90°
Kasseler . . . . .80–85°
Geflügel. . . . . 90°
Lammbraten. . . . . 80°
Kalbsbraten . . . . 75°
Schinkenbraten. . . . . . . 75°
Wild . . . . .75–80°
Wenn Ihre Mikrowelle keine Bratautomatik hat, können Sie das gewöhnliche Bratthermometer einsetzen. Am besten 5 Minuten vor Ende der vorgegebenen Garzeit einstekken. Dabei die Thermometerspitze genau in die Mitte des Fleischstücks plazieren. Bei Geflügel, Keulen oder Schulterstücken mit Knochen das Thermometer an der dicksten Fleischstelle einstechen. Es muß aber vor dem Weitergaren entfernt werden.

Mit Hilfe von **Bräunungsgeschirr** können Sie auch im Mikrowellengerät eine gewisse Bräunung bei Fleisch erzielen. Einige der Geschirre müssen vorgeheizt werden, andere nicht. Achten Sie bitte genau auf die Angaben der Herstellerfirma. Geschirren, die nicht vorgeheizt werden müssen, schadet das Vorheizen nicht, es wird dadurch aber unnötig Energie verbraucht. Die besten Ergebnisse erzielen Sie mit Kurzgebratenem oder kleinen Fleischstücken. Grundsätzlich erreichen Sie ein besseres Bräunungsergebnis, wenn Sie etwas Öl oder Bratfett (keine Butter) bei 100 Prozent kurz erhitzen, ehe Sie das Bratgut einlegen.
Helles Fleisch kann man vor dem Garen mit etwas Paprika edelsüß bestäuben, um eine braune Farbe zu bekommen.
Tiefgekühlte **Pizza** wird im Bräunungsgeschirr besonders knusprig.

Brot und Brötchen, die eingefroren waren, können in der Mikrowelle schnell aufgetaut werden. Dazu den Teller des Geräts mit einem Stück Haushaltspapier belegen. Einzelscheiben nebeneinanderlegen, mit Haushaltspapier abdecken und ca. 30 Sekunden bei 100 Prozent auftauen. Mehrere Scheiben, die durch das Einfrieren aneineinanderhaften, etwa 30 Sekunden bei 100 Prozent antauen lassen, dann vorsichtig trennen und wie Einzelscheiben weiter auftauen. Brötchen auf Haushaltspapier

Umrechnungstabelle für Geräte mit unterschiedlicher Maximalleistung

850 Watt	750 Watt	700 Watt	650 Watt	600 Watt
8 Sek.	13 Sek.	15 Sek.	17 Sek.	20 Sek.
23 Sek.	27 Sek.	30 Sek.	33 Sek.	35 Sek.
40 Sek.	50 Sek.	1 Min.	1 Min. 10 Sek.	1 ¼ Min.
1 Min. 05 Sek.	1 Min. 20 Sek.	1 ½ Min.	1 Min. 40 Sek.	1 ¾ Min.
1 ¼ Min.	1 ¾ Min.	2 Min.	2 ¼ Min.	2 ½ Min.
1 ¾ Min.	2 ¼ Min.	2 ½ Min.	2 ¾ Min.	3 Min.
2 ¼ Min.	2 ¾ Min.	3 Min.	3 ¼ Min.	3 ½ Min.
2 ½ Min.	3 Min.	3 ½ Min.	3 ¾ Min.	4 Min.
2 ¾ Min.	3 ¾ Min.	4 Min.	4 ¼ Min.	4 ½ Min.
3 ½ Min.	4 Min.	4 ½ Min.	5 Min.	5 ½ Min.
3 ¾ Min.	4 ½ Min.	5 Min.	5 ½ Min.	6 Min.
4 ½ Min.	5 ½ Min.	6 Min.	6 ½ Min.	7 Min.
5 ½ Min.	6 ½ Min.	7 Min.	7 ½ Min.	8 Min.
6 ½ Min.	7 ½ Min.	8 Min.	8 ½ Min.	9 Min.
7 ½ Min.	8 ½ Min.	9 Min.	9 ½ Min.	10 Min.
8 Min.	9 Min.	10 Min.	11 Min.	11 ½ Min.
9 Min.	10 Min.	11 Min.	12 Min.	12 ½ Min.
10 Min.	11 Min.	12 Min.	13 Min.	14 ½ Min.
11 Min.	12 Min.	13 Min.	14 Min.	15 ½ Min.
12 Min.	13 Min.	14 Min.	15 Min.	16 ½ Min.
12 ½ Min.	13 ½ Min.	15 Min.	16 Min.	17 Min.
13 ½ Min.	14 ½ Min.	16 Min.	17 Min.	18 Min.
14 ½ Min.	15 ½ Min.	17 Min.	18 Min.	20 Min.
15 Min.	16 Min.	18 Min.	19 Min.	21 Min.
15 ½ Min.	17 Min.	19 Min.	21 Min.	22 Min.
16 Min.	18 Min.	20 Min.	22 Min.	23 Min.
18 Min.	22 Min.	25 Min.	27 Min.	29 Min.
22 Min.	27 Min.	30 Min.	32 Min.	35 Min.
25 Min.	32 Min.	35 Min.	37 Min.	41 Min.
30 Min.	37 Min.	40 Min.	42 Min.	48 Min.
34 Min.	42 Min.	45 Min.	47 Min.	54 Min.
37 Min.	45 Min.	50 Min.	54 Min.	60 Min.
40 Min.	50 Min.	55 Min.	61 Min.	68 Min.
43 Min.	54 Min.	60 Min.	68 Min.	76 Min.

Quelle: Langnese-Iglo GmbH / Siemens Electrogeräte

Garzeiten tiefgekühlter Produkte

Lebensmittel	Menge		Zeit in Minuten 850W–750W	750W–650W	650W–600W	550W–500W	Anmerkung*
Apfelrotkohl	450 g	100%	**8 1/2**	**10**	**11**	**13**	ohne Flüssigkeit
Apfelrotkohl	600 g	100%	**14**	**16**	**17**	**21**	ohne Flüssigkeit
Balkangemüse	300 g	100%	**8**	**9**	**9 1/2**	**12**	3 EL Brühe (Instant)
Blattspinat	300 g	100%	**8**	**7**	**7 1/2**	**9**	ohne Flüssigkeit
Brechbohnen	300 g	100%	**13**	**15**	**16**	**19**	5 EL Brühe (Instant)
Brokkoli	300 g	100%	**8 1/2**	**10**	**11**	**13**	5 EL Brühe (Instant)
Buttergemüse	300 g	100%	**7**	**8**	**8 1/2**	**10**	2 EL Brühe (Instant)
Erbsen	300 g	100%	**3 1/2**	**4**	**4**	**5**	2 EL Brühe (Instant)
Erbsen	450 g	100%	**6**	**7**	**7 1/2**	**9**	3 EL Brühe (Instant)
Kohlrabi	300 g	100%	**12**	**14**	**15**	**18**	4 EL Brühe (Instant)
Leipziger Allerlei	300 g	100%	**10**	**12**	**13**	**16**	5 EL Brühe (Instant)
Erbsen u. Karotten	450 g	100%	**11**	**13**	**14**	**17**	4 EL Brühe (Instant)
Rahmspinat	150 g	100%	**5**	**6**	**6 1/2**	**8**	ohne Flüssigkeit
Rahmspinat	300 g	100%	**8**	**9**	**9 1/2**	**12**	ohne Flüssigkeit
Rosenkohl	300 g	100%	**8**	**9**	**9 1/2**	**12**	6 EL Brühe (Instant)
Spinat	300 g	100%	**8**	**9**	**9 1/2**	**12**	ohne Flüssigkeit
Spinat	600 g	100%	**13**	**15**	**16**	**19**	ohne Flüssigkeit
Kräuter aller Art	25 g	100%					nicht an- oder auftauen, tiefgekühlt zufügen
Brombeeren	250 g	25 %	**5**	**6**	**6 1/2**	**8**	ohne Flüssigkeit
Erdbeeren	250 g	25 %	**5**	**6**	**6 1/2**	**8**	ohne Flüssigkeit
Himbeeren	250 g	25 %	**5**	**6**	**6 1/2**	**8**	ohne Flüssigkeit
Kabeljaufilet	300 g	100%	**4 1/2**	**5 1/2**	**6**	**7 1/2**	säuern und salzen
Rotbarschfilet	300 g	100%	**4 1/2**	**5 1/2**	**6**	**7 1/2**	säuern und salzen
Schollenfilet	250 g	100%	**3 1/2**	**4**	**4**	**5**	säuern und salzen
Seelachsfilet	300 g	100%	**4 1/2**	**5 1/2**	**6**	**7 1/2**	säuern und salzen

* immer zugedeckt garen, zwischendurch umrühren beziehungsweise Fisch einmal wenden

Quelle: Biskin Chefkoch-Service, Hamburg, Moulinex GmbH, Köln

1 Minute bei 100 Prozent auftauen, dann auf dem Toaster knusprig werden lassen.

Butter aus dem Kühlschrank wird im Handumdrehen streichfähig, wenn Sie sie für einige Sekunden bei 50 Prozent erwärmen. Sie darf sich aber nicht in einer Metallschale befinden. Wird sie zu stark erwärmt, ist sie zwar außen noch fest, innen aber schon fast oder ganz flüssig. Darum am besten mit 10 Sekunden beginnen und eventuell dann noch weiter erwärmen. Auch **Käse** aus dem Kühlschrank kann so rasch auf Zimmertemperatur gebracht werden, um Aroma und Geschmack besser zu entfalten. Vor dem Servieren sollte er jedoch noch 5 Minuten ruhen.

Ist Ihr Mikrowellengerät nicht mit einem **Drehteller** ausgerüstet, sollten Sie bei längeren Garzeiten das Gargeschirr hin und wieder um 180 Grad drehen, dadurch erwärmt sich das Gargut gleichmäßiger.

Abgekühlte **Fischgerichte** müssen sehr schonend wieder erwärmt werden, damit der Fisch nicht nachgart. Am besten erwärmt man sie, mit Folie oder Haushaltspapier abgedeckt, in ihrer Soße. Ist keine Soße vorhanden, ein wenig Brühe oder Wein über den Fisch träufeln. Bei 100 Prozent sind zum Erwärmen 1–2 Minuten, bei 50 Prozent 3–4 Minuten ausreichend.

Fischtranchen sowohl zum Garen wie zum Erwärmen oder Auftauen immer so in dem Gargeschirr anordnen, daß die fleischigen Rückenseiten am äußeren Schalenrand liegen. Die dünnen Teile zusammendrücken. So gart der Fisch gleichmäßig.

Fleisch, das im Bräunungsgeschirr zubereitet werden soll, muß besonders gut abgehangen sein, weil sich in ihm die Säfte besser verteilt haben. Bei

Garen von frischem Gemüse

Lebensmittel	Menge		Zeit in Minuten				Anmerkung*
			850W-750W	750W-650W	650W-600W	550W-500W	
Artischocken	1 Stück 400 g	100%	**11-13**	**13-15**	**14-16**	**17-20**	ganz, 5 EL Wasser
Auberginen	500 g	100%	**12-13**	**14-16**	**15-17**	**18-21**	Scheiben, mit Zitronensaft beträufeln
Blumenkohl	500 g	100%	**12-14**	**14-16**	**15-17**	**18-21**	teilen, 5 EL Wasser
Brokkoli	500 g	100%	**8½-10**	**10-12**	**11-13**	**13-16**	5 EL Wasser
Champignons	500 g	100%	**5-7**	**6-8**	**6½-8½**	**8-10**	ganz, 2 EL Zitronensaft
Chinakohl	500 g	100%	**9½-10**	**11-13**	**12-14**	**15-17**	Streifen, ohne Flüssigkeit
Gemüsezwiebeln	1 Stück 250 g	100%	**8-9½**	**9-11**	**9½-12**	**12-14**	ganz, 4 EL Wasser
Kartoffeln, geschält	500 g	100%	**12-14**	**14-16**	**15-17**	**18-21**	halbieren, 5 EL Wasser
Kartoffeln, in Schale	500 g	100%	**12-14**	**14-16**	**15-17**	**18-21**	mehrfach einstechen, 4 EL Wasser
Kohlrabi	500 g	100%	**12-14**	**14-16**	**15-17**	**18-21**	Scheiben oder Streifen, 5 EL Wasser
Lauch (Porree)	500 g	100%	**8-9½**	**9-11**	**9½-12**	**12-14**	Ringe, 4 EL Wasser
Maiskolben	1 Stück 250 g	100%	**12-14**	**14-16**	**15-17**	**18-21**	ganz, 5 EL Wasser
Möhren	500 g	100%	**14-16**	**16-18**	**19-19**	**21-23**	Scheiben, mit Wasser bedeckt
Paprika (grün)	500 g	100%	**8½-12**	**10-12**	**11-13**	**13-16**	Streifen, 4 EL Wasser
Rotkohl	500 g	100%	**13-15**	**15-17**	**16-18**	**19-22**	Streifen, 5 EL Brühe (Instant)
Zucchini	500 g	100%	**7-8½**	**8-10**	**8½-11**	**10-13**	Scheiben, 1 EL Wasser

* immer zugedeckt garen, zwischendurch umrühren

Quelle: Biskin Chefkoch-Service, Hamburg, Moulinex GmbH, Köln

zu frischem Fleisch tritt der Saft aus und legt sich wie eine Art Isolierschicht zwischen Gargut und Geschirrwand.

Folie. Zum Abdecken eines Gargeschirrs verwenden Sie am besten **Mikrowellenfolie.** Sie ist höher erhitzbar als gewöhnliche Klarsichtfolie und mit winzigen dampfregulierenden Poren ausgestattet. Zu dünne normale Folie kann durch die Hitze schmelzen. Dickere Folie sollte man einige Male einstechen, damit der Dampf entweichen kann.

Grapefruits, die aus der Schale heraus gelöffelt werden sollen, für 30 Sekunden je ganzer Frucht bei 100 Prozent erwärmen. Dann löst sich das Fruchtfleisch besser von den Trennhäuten. Das gleiche gilt für **Orangen,** die geschält und filetiert werden sollen.

Kartoffeln lassen sich in der Mikrowelle nicht als Bratkartoffeln zubereiten. Wenn Sie die Kartoffelscheiben jedoch mit der Mikrowelle vorgaren, erhalten Sie nachher in der Pfanne ganz besonders knusprige Bratkartoffeln. 500 g in Scheiben geschnittene Kartoffeln in einem möglichst flachen, großen Geschirr mit 3–4 Eßlöffel Wasser beträufeln und mit Mikrowellenfolie überzogen bei 100 Prozent 5 Minuten garen, das Geschirr nach 3 Minuten um 180 Grad drehen. Die Kartoffelscheiben mit Haushaltspapier gründlich trockentupfen, damit das Fett in der Pfanne dann nicht spritzt.

Garzeiten für je 500 g Kartoffeln bei 100 Prozent (850–750 Watt):
Im Ganzen gebacken 40 Min.
Als Salzkartoffeln
in Vierteln........ ca. 10 Min.
(weitere Einzelheiten siehe in der Tabelle oben)

Jeweils während des Garvorgangs die Kartoffeln ab und zu wenden beziehungsweise umrühren, nach dem Garen außerhalb des Geräts einige Minuten nachgaren lassen, Backkartoffeln dazu einzeln in Alufolie wickeln.

Knoblauch und **Zwiebeln** als Würze sparsamer als gewohnt verwenden. Beide entfalten ihr Aroma sehr viel intensiver als in Topf oder Pfanne.

Konfitüre, in der Mikrowelle hergestellt, ist besonders dann zu empfehlen, wenn Sie auf die Schnelle eine kleinere Früchtemenge verarbeiten wollen, denn mehr als 500 g Früchte sollten Sie nicht auf einmal ins Gerät stellen. Die Zuckermengen berechnen Sie so wie gewohnt beziehungsweise wie sie auf den Packungen von Einmach- oder Gelierzucker oder den Gelierhilfen angegeben sind. Mischen Sie die sorgfältig geputzten Früchte mit dem Zucker und eventuell einer Gelierhilfe (einige werden jedoch erst nach dem Garen eingerührt) in einer hohen Schüssel und erhitzen Sie die Mischung bei 100 Prozent 8–15 Minuten. Die Garzeit ist von der Art der Früchte und der Größe der Fruchtstücke abhängig. Zwischendurch mindestens dreimal umrühren. Vor dem Einfüllen der Konfitüre in die einwandfrei sauberen Gläser unbedingt eine Gelierprobe machen.
Wenn Sie für die Zubereitung von Konfitüre statt frischem

Obst unaufgetaute Tiefkühlfrüchte verwenden möchten, verlängert sich die Garzeit um 4–5 Minuten.

Den Inhalt von **Konservendosen** niemals in der Dose erhitzen, sondern immer in das Serviergeschirr umfüllen. Die Garzeiten möglichst kurz halten. Bei 100 Prozent Leistung nach 2 Minuten zum erstenmal die Temperatur des Garguts prüfen, dann alle weiteren 30 Sekunden.

Kuvertüre braucht zum Schmelzen eine Mindestleistung von 700 Watt. Nur in einem Gerät mit Drehteller schmilzt sie bei 600 Watt.

Mehl und **Speisestärke,** die kalt angerührt zum Andicken von Soßen oder anderen Flüssigkeiten dienen, müssen sparsamer als sonst üblich verwendet werden, da sie in der Mikrowelle stärker ausquellen. Anders ist es mit **Instant-Soßenbindern:** man braucht etwa ein Drittel mehr als beim normalen Kochen.

Aufgeblähte **Negerküsse** sind bei Kindern sehr beliebt. Man gibt sie einzeln auf einen Teller und läßt sie bei 100 Prozent in 10–12 Sekunden aufgehen. Bei längerer Garzeit brechen sie jedoch auf oder werden pappig. Achtung, die Schokoladenhülle ist sehr heiß. Dennoch rasch essen, weil die Negerküsse gleich wieder zusammenfallen.

Reste von **Nudeln** aller Art können auch ohne Flüssigkeitszugabe rasch erwärmt werden: in ein Gefäß mit Deckel geben und bei 100 Prozent pro Portion ca. 2 Minuten erhitzen, dabei zweimal umrühren.

Paprikaschoten brauchen je nach Größe 3–5 Minuten bei 100 Prozent. Sie müssen vorher einige Male mit einer Gabel eingestochen werden und sollten nach dem Erhitzen 4–5 Minuten unter einem feuchten Tuch ruhen.

Der Teller sollte übrigens bei Tomaten und Paprikaschoten einige Male um die eigene Achse gedreht werden, damit die Wellen gleichmäßig an das Gargut gelangen. Bei einem mit Drehteller ausgestatteten Gerät ist das natürlich nicht notwendig.

Popcorn, das man in speziellen Tüten für die Mikrowelle kaufen kann, gelingt erst bei einer Höchstleistung von 700 Watt beziehungsweise bei 600 Watt, wenn Sie die Tüte während des Garens mehrmals um die eigene Achse drehen und umwenden oder ein Gerät mit einem Drehteller haben. Nicht speziell verpacktes Popcorn geben Sie in eine Schüssel mit Deckel, am besten aus Glas, um den Garvorgang besser beobachten zu können. Auf höchster Stufe solange erhitzen, bis die Körner geplatzt sind. Die Garzeit ist von der Menge abhängig.

Reis kann in der Mikrowelle gegart werden, eine Zeitersparnis erzielen Sie dabei aber nicht. Der Vorteil liegt darin, daß der Reis besonders schön körnig wird und nicht ansetzen kann.

Rösten kann man in der Mikrowelle von Semmelbröseln bis zu geriebenen oder ganzen Mandeln, Nüssen und Samen fast alles. Das Röstgut wird in möglichst dünner Schicht auf einen Teller gegeben und bei 100 Prozent gebräunt. Die Zeit ist von der Menge und der Art des Produktes abhängig. Es muß aber in jedem Fall häufig umgerührt werden, um eine gleichmäßige Bräunung zu erzielen. Die Methode ist nur bedingt zu empfehlen. Meist erzielt man in einer (beschichteten) Pfanne auch ohne Fettzugabe bessere Ergebnisse, wodurch Zeit und vor allem auch Energie gespart werden.

Garen von fertigen Speisen

Lebensmittel	Menge pro Portion		Zeit in Minuten				Anmerkung*
			850W-750W	750W-670W	650W-600W	550W-500W	
Tellergericht (z.B. Schnitzel, Reis, Brechbohnen)	400 g	100%	2½-3½	3-4	3-4	4-5	mit Abdeckung
Kartoffeln	150 g	100%	2	2	2	2½	mit Wasser beträufeln, mit Abdeckung
Langkornreis	150 g	100%	2	2	2	2½	mit Öl beträufeln, mit Abdeckung
Nudeln	150 g	100%	1-2	1-2	1-2	1½-2½	mit Wasser beträufeln, mit Abdeckung
Gemüse	150 g	100%	1-2	1-2	1-2	1½-2½	mit Abdeckung
Fischfilet	200 g	100%	1-2	1-2	1-2	1½-2½	mit Öl bestreichen, mit Abdeckung
Schweineschnitzel (paniert)	200 g	100%	1-2	1-2	1-2	1½-2½	ohne Abdeckung
1/2 Hähnchen (gegrillt)	350 g	100%	2½-3½	3-4	3-4	4-5	mit Öl bestreichen, ohne Abdeckung
Kaffee, Tee	150 ml	100%	1	1	1	1½	
Wasser, Glühwein	150 ml	100%	1	1	1	1½	
Milch, Kakao	150 ml	100%	½	½	½	½-1	
Klare Brühe	250 ml	100%	2	2	2	2½	
Gebundene Suppe	250 ml	100%	2-2½	2-3	2-3	2½-4	mit Abdeckung, 1 x umrühren
Babykost: Milch	100 ml	100%	½-1	½-1	½-1	1-1½	ohne Abdekkung, Kühlschranktemp.
Obstbrei	200 ml	100%	½-1	½-1	½-1	1-1½	ohne Abdekkung, Zimmertemperatur

Quelle: Biskin Chefkoch-Service, Hamburg, Moulinex GmbH, Köln

Teigwaren sollte man nicht unbedingt in der Mikrowelle garen, weil der Zeit- und damit der Energieaufwand zu hoch sind. Für 100 g Teigwaren, die in etwa 1/2 l Wasser gegart werden müssen, benötigen Sie 12–15 Minuten Garzeit. Je nach der Menge der Portionen verlängert sich die Garzeit entsprechend.

Tomaten lassen sich nur dann in der Mikrowelle häuten, wenn sie sehr fest sind. Weiche Früchte werden matschig, können nur schwer entkernt und sollten nur für Püree verwendet werden. Die Tomaten über Kreuz einritzen, mit genügend Abstand auf einem Teller anrichten und je nach Größe der Früchte pro Tomate 1/2 bis 1 Minute bei 100 Prozent erhitzen.

Trocknen kann man in der Mikrowelle Kräuter, Pilze und die Schalen unbehandelter Zitrusfrüchte. Kräuter vorher abspülen, trockentupfen und grob hacken. Pilze sorgfältig putzen und in Scheiben schneiden. Zitrusfruchtschalen in lange Streifen oder in Würfel schneiden. Ein Stück Haushaltspapier auf den Teller des Geräts legen, darauf das Trockengut so verteilen, daß es nicht übereinanderliegt. Mit einem zweiten Stück Haushaltspapier abdekken und bei 100 Prozent etwa 2 Minuten trocknen. Ist dann noch Flüssigkeit vorhanden, bei 100 Prozent weitertrocknen und jeweils nach 30 Sekunden prüfen. In Gläsern mit Schraubdeckel aufbewahren.

Würstchen wie Wienerle, Frankfurter, Debrecziner oder andere, die nicht gebraten, sondern nur erhitzt werden sollen, gibt man in einen Bratbeutel. Würstchen und Beutel mehrmals mit einer Gabel einstechen, damit der Dampf

Auftauen verschiedener Lebensmittel bei 20 % Maximalleistung 850-750 Watt

Lebensmittel	Menge	Zeit in Min.	Nachtauzeit außerhalb der Mikrowelle	Anmerkung
Fleisch				
Bratenfleisch	500 g	15–20	5–10	nach halber Zeit einmal wenden
	1000 g	30–40	5–10	nach 10 und 20 Minuten je einmal wenden
Schnitzel, Steak	200 g	6–8	2–3	nach halber Zeit wenden, aufeinanderliegende Fleischstücke trennen
Hackfleisch	250 g	10–12	10	nach halber Zeit wenden, mit Gabel zerteilen
Gulasch	500 g	10–15	5–10	nach halber Zeit wenden und Stücke lösen
Innereien (Leber)	500 g	12–16	5	nach halber Zeit wenden und Stücke trennen
Obst/Gemüse				
Erdbeeren	250 g	7–8	10–15	möglichst flach ausbreiten
Johannisbeeren	250 g	7–8	10–15	möglichst flach ausbreiten
Himbeeren	250 g	6–7	10–15	möglichst flach ausbreiten
Pflaumen	500 g	12–15	10–15	nach halber Zeit auseinanderlegen
Erbsen	250 g	10–12	5–10	nach halber Zeit auseinanderlegen
Spargel	250 g	10–12	10–15	nach halber Zeit wenden
Bohnen	500 g	15–18	10–15	nach halber Zeit umrühren
Rotkohl	500 g	15–20	10–15	nach halber Zeit umrühren
Spinat	300 g	12–15	10–15	nach halber Zeit etwas zerteilen, dann umrühren
Spinat	600 g	25–30	10–15	nach halber Zeit etwas zerteilen, dann umrühren
Fisch				
Fischfilet	250 g	8–10	10	nach halber Zeit wenden, Filets trennen
	500 g	12–15	10	nach halber Zeit wenden, Filets trennen
Fisch im Stück	500 g	12–15	10–15	nach halber Zeit wenden, Schwanzstück evtl. mit Alufolie bedecken
Forelle	170 g	5	10	nach halber Zeit wenden
Krabben	250 g	6–8	20–25	zudecken, nach halber Zeit voneinander lösen

Lebensmittel	Menge	Zeit in Min.	Nachtauzeit außerhalb der Mikrowelle	Anmerkung
Wild				
Hasenrücken/-keule	600 g	15–20	10–15	nach halber Zeit wenden
Rehrücken/-keule	1000 g	20–25	10–15	nach halber Zeit wenden
Fasan	800 g	30–35	10–15	nach halber Zeit wenden
Geflügel				
Hähnchen	1000 g	35–40	10–15	nach halber Zeit wenden, Flügel und Keule evtl. mit Alufolie bedecken
Suppenhuhn	1500 g	45–50	10–15	nach halber Zeit wenden, Flügel und Keule evtl. mit Alufolie bedecken
Ente	2000 g	45–50	30–40	nach halber Zeit wenden, Flügel und Keule evtl. mit Alufolie bedecken
Putenkeulen	500 g	15–20	10–15	nach halber Zeit wenden, Teile lösen
Gänsebrust	500 g	15–20	10–15	nach halber Zeit wenden

Auftauen von Brot, Gebäck und Pizza

Lebensmittel	Menge	20%	Zeit in Minuten				Nachtauzelt außerhalb der Mikrowelle	Anmerkung*
			850W-750W	750W-650W	650W-600W	550W-500W		
Brötchen	1 Stück (40 g)		½	½	½	½-1	5	danach toasten
Weißbrot	500 g		3½	4	4	5	10	auf einem Rost nachtauen lassen
Mischbrot	500 g		3½	4	4	5	10	auf einem Rost nachtauen lassen
Vollkornbrot	500 g		3½	4	4	5	45	auf einem Rost nachtauen lassen
Pizza	1 Stück (175 g)		3½	4	4	5	10	danach ca. 1 Min. bei voller Leistung erhitzen
Pflaumenkuchen	1 Stück (75 g)		1-1½	1½	1½	2	10	
Käsekuchen	1 Stück (100 g)		1½	1½	1½	2	20	
Rührkuchen	1 Stück (75 g)		1	1	1	1½	5	
Käse-Sahne-Torte	1 ganze Torte (1400 g)		6	7	7½	9	120	
Schoko-Sahne-Torte	1 Stück (90 g)		½	½	½	½-1	10	

* auf einem mikrowellengeeigneten Teller und ohne Abdeckung antauen

entweichen kann. Die Garzeit richtet sich nach der Art der Würstchen. Die Garleistung kann sowohl 75 als auch 100 Prozent betragen.
Brühwürste in Gläsern können darin bleiben. Es müssen aber der Deckel entfernt und die Flüssigkeit abgegossen werden. Die Garzeit beträgt etwa 2 Minuten bei 50 Prozent.

Zitronen und andere **Zitrusfrüchte,** die man entsaften will, sind viel ergiebiger, wenn man sie bei 100 Prozent 30–45 Sekunden erwärmt.

Zuckermandeln schmecken frisch besonders gut. 150 g Mandeln mit einem Tuch abreiben, mit der gleichen Menge feinem Zucker und 5–6 Eßlöffel Wasser in einem flachen Teller vermischen und bei 100 Prozent 10–12 Minuten kochen lassen. Dabei hin und wieder umrühren. Sobald die Mandeln ganz von der Zuckermasse umhüllt sind, auf ein mit Öl gefettetes Stück Alufolie geben, mit einer Gabel lösen und erkalten lassen. Eventuell mit etwas Zimt oder Nelkenpulver bestäuben.

Alle Zubereitungszeiten sind nur Richtwerte!

Geringfügige Zeitverlängerungen oder -verkürzungen können sich ergeben, wenn Abweichungen von folgenden Zubereitungsvoraussetzungen bestehen:

- 600 Watt Ausgangsleistung des MW-Gerätes = Garstufe
- 180 Watt reduzierte Leistung des MW-Gerätes = Auftaustufe
- –18° Celsius Ausgangstemperatur der TK-Produkte
- Verwendung von etwa 50° Celsius warmem Wasser (bei Warmwasserversorgung ist dies die übliche Wassergebrauchstemperatur für Küchenzwecke)
- Einsatz von Zubereitungsgeschirr aus Porzellan

Alle Zubereitungszeiten wurden unter Berücksichtigung der oben genannten Kriterien ermittelt.

Quelle: Biskin Chefkoch-Service, Hamburg, Moulinex GmbH, Köln

GEMÜSE

Sorte	J	F	M	A	M	J	J	A	S	O	N	D
Aubergine												
Avocado												
Bataten												
Bleichsellerie												
Blumenkohl												
Bohnen												
Brokkoli												
Chicorée												
Chinakohl												
Dicke Bohnen												
Endivie												
Erbsen												
Feldsalat												
Fenchel												
Frühlingszwiebeln												
Grünkohl												
Gurke												
Karotten, Möhren												
Knollensellerie												
Kohlrabi												
Kopfsalat												
Kürbis												
Lauch												
Mais (Zuckermais)												
Mangold												
Paprikaschoten												
Petersilienwurzel												
Pilze												
Radicchio												
Radieschen												
Rettich												
Römischer Salat												
Rosenkohl												
Rote Bete												
Rotkohl												
Schwarzwurzeln												
Spargel												
Spinat												
Teltower Rübchen												
Tomaten												
Weißkohl												
Wirsing												
Zucchini												

OBST

Sorte	J	F	M	A	M	J	J	A	S	O	N	
Ananas												
Äpfel												
Aprikosen												
Bananen												
Birnen												
Brombeeren												
Erdbeeren												
Grapefruits												
Heidelbeeren												
Himbeeren												
Holunderbeeren												
Johannisbeeren												
Kirschen, sauer												
Kirschen, süß												
Mandarinen												
Mangos												
Mirabellen												
Nektarinen												
Orangen												
Pfirsiche												
Pflaumen												
Preiselbeeren												
Quitten												
Reineclauden												
Rhabarber												
Stachelbeeren												
Wassermelonen												
Weintrauben												
Zitronen												
Zuckermelonen												

Was hat wann Saison?

- Hochsaison mit reichlichem, preiswerten Angebot
- Mittlere Saison mit geringerem Angebot
- Beginnende/auslaufende Saison mit schwächerem Angebot
- Keine Saison oder nur Produkte aus Übersee oder aus Unterglaskultur

Basilikum
Der pfeffrige Geschmack paßt sich gut an, besonders bei Tomaten, Käse, Lamm, Salaten, Teigwaren. Es kann mitgekocht werden.

Bohnenkraut
Bei Eintöpfen und deftigen Gerichten mitkochen. Ganze Stengel vor dem Servieren entfernen, Blätter können im Gericht bleiben.

Borretsch
Er schmeckt zu fast allen Salaten. Auch die Blüten sind eßbar. Blätter und Blüten möglichst nicht kochen und trocknen.

Brunnenkresse
Es gibt sie von Oktober bis Mai, gezüchtet oder wild. Sie ist schärfer als die „einfache" Kresse. Nur frisch verwenden.

Kresse
Die würzig-scharfen Blätter nur frisch verwenden, vor allem für Salate, Quark- und Eierspeisen, für zarte Fisch- und Fleischsorten.

Lavendel
Ein Kraut für Lamm- und Hammelgerichte. Es wird frisch oder getrocknet mitgekocht. Verträgt sich gut mit Rosmarin.

Liebstöckel
Er wird auch Maggikraut genannt und ist sehr intensiv in der Würzkraft, darum sparsam verwenden. Wird frisch oder getrocknet mitgekocht.

Minze
Der fein-frische Geschmack paßt zu Lammbraten, Kartoffeln und Hülsenfrüchten, Salaten und Hackbraten. Nur getrocknet mitkochen.

Rosmarin
Er verträgt sich in deftigen Gerichten und Beizen besonders mit Knoblauch und mit Thymian. Wird frisch oder getrocknet mitgekocht.

Salbei
Er schmeckt zu Fisch und Kalbfleisch, Leber und Hülsenfrüchten. Sparsam verwenden. Kann mitgekocht und getrocknet werden.

Sauerampfer
Er wächst auf jeder Wiese. Kann in Soßen und Suppen mitgekocht werden und schmeckt frisch zu Salaten, Eier-, Kartoffelgerichten.

Schnittlauch
Ein Klassiker unter unseren Kräutern. Aus kaum einem Salat wegzudenken. Frisch verwenden. Auch für Buttersoßen oder Mayonnaisen.

Dill
Zu Fisch, für Buttersoßen und Salate. Für Fischsud frischen Dill mitkochen. Samen und Dolden sind ideale Würzen für Sauerkonserven.

Estragon
Er gibt zarten Buttersoßen, Eiergerichten und hellem Fleisch einen sanften Anisgeschmack. Sparsam verwenden, kann mitkochen.

Fenchel
Ähnelt geschmacklich dem Anis, wird nur in kleinen Mengen und stets frisch verwendet zu Fisch-, Quark-, Lamm-, Gurkengerichten.

Kerbel
Darf nur frisch verwendet werden, verliert getrocknet sein zartes Aroma. Zu hellem Fleisch, zarten Fischgerichten und Salaten.

Oregano
Der wild wachsende Verwandte des ***Majoran*** *gehört an viele italienische Gerichte. Beide frisch oder getrocknet mitkochen.*

Petersilie
Die glatte ist feiner im Geschmack und hat mehr Würze als die krause. Möglichst frisch verwenden, kann aber auch mitgekocht werden.

Pimpinelle
Stets nur frisch verwenden. Sie entwickelt ihre zarte Würze am besten in Essig oder Zitronensaft, ist darum ein ideales Salatkraut.

Portulak
Mit seinem mild-salzigen Geschmack wird er für die Küche neu entdeckt. Frisch zu allen Salaten, feinen Suppen und Soßen.

Selleriekraut
Würzkraut, das an deftige Suppen und Eintöpfe paßt. Überall dort einsetzen, wo Knollensellerieblätter zu streng im Geschmack sind.

Thymian
Besonders intensiv im Geschmack ist wilder Thymian aus südlichen Ländern. Paßt zu südländischen Gerichten, kann mitkochen.

Tripmadam
Die jungen Triebe schmekken leicht säuerlich und eignen sich zum Würzen von Suppen, Kräutersoßen und säuerlichen Salatsoßen.

Zitronenmelisse
Das frisch-säuerliche Aroma gibt Salaten, Soßen, Essig und Süßspeisen Würze. Darf getrocknet, aber frisch nicht mitgekocht werden.

Anis
Kräftig schmeckende, stark würzig riechende Samen eines Doldenblütlers. Gemahlen oder im Ganzen gut für deftige Gebäcksorten.

Cayennepfeffer
Das schärfste aller Gewürze, jedoch im Geschmack neutral. Es sollte nicht in Fett angeschwitzt werden, da sich dann Bitterstoffe entwickeln.

Chilis oder Chilipfeffer
Gemahlene Beerenfrüchte, die mit anderen Gewürzen gemischt als Chilipfeffer oder -pulver auf den Markt kommen. Für alle scharfen Gerichte.

Curry
Eine indische Würzmischung, die bis zu 30 Einzelgewürze enthalten kann. Für exotische Gerichte aller Art verwenden.

Koriander
Getrocknete Körnerfrüchte von angenehm mild-würzigem Geschmack. Gut für Gebäck, feine Salate und Soßen.

Kreuzkümmel
Nicht mit unserem Kümmel verwandt, schmeckt aber kräftig kümmelähnlich. Gut für deftige Fleischsorten und Würzmischungen.

Kümmel
Spaltfrüchte des Kümmelkrauts von herb-scharfem Geschmack. Für pikantes Gebäck, deftige Gemüsesorten und Kartoffeln.

Lorbeer
Blätter frisch oder getrocknet verwenden. Gut als Pastetengewürz, für Sauerkonserven, deftige Fleischgerichte und Brühe.

Pfeffer
Beeren, die je nach Reife grün, weiß oder schwarz sind. Werden gemahlen, geschrotet, im Ganzen angeboten. Für pikante Gerichte.

Piment
Auch Nelkenpfeffer genannt. Läßt sich gut mit anderen Gewürzen kombinieren. Gut für Marinaden, dunkles Fleisch und Soßen.

Safran
Ganze Fäden sind am besten. Geschmack würzig-bitter und sehr intensiv. Gut für Gebäck, Fischgerichte, feine Ragouts und Brühen.

Senfkörner
Ganz und gemahlen im Handel. Geschmack würzig-scharf, meerrettichähnlich. Gut für Senf, Marinaden, Beizen und helle Soßen.

Fenchel
Getrocknete Früchte eines Doldenblütlers. Gemahlen oder im Ganzen gut für Fischsud, pikantes Backwerk und Kräuterliköre.

Ingwer
Im Ganzen frisch, getrocknet und gemahlen im Handel. Gut für Weihnachtsgebäck und für exotische Gerichte. Currybestandteil.

Kardamom
Fruchtkapsel mit würzigen Kernen. Sowohl die Kapsel wie auch die gemahlenen Kerne sind im Handel. Gut für Backwaren und Pasteten.

Knoblauch
Beizend-scharfe Würzzwiebel. Frisch, getrocknet vermahlen und als Granulat im Handel. Für Salate, Lamm, Grillfleisch und -fisch.

Macisblüte
Kommt im Ganzen oder gemahlen in den Handel, schmeckt leicht bitter, aber feurig-aromatisch. Gut für Weihnachtsgebäck.

Muskatnuß
Ganz oder gemahlen im Handel. Ganze „Nüsse" immer abreiben. Feinwürziger Geschmack. Gut für Gemüse, Ragouts, Frikassee.

Nelken
Scharf-würzig, darum Überwürzung vermeiden. Pulver gut für Weihnachtsgebäck, ganze Nelken für Suppen, Ragouts, Pasteten, Kompott.

Paprika
Gewürzpflanze, deren rote Schoten vermahlen werden. Wird in fünf Schärfegraden angeboten. Gut für Fisch und Fleisch aller Art.

Sternanis
Geschmacklich ähnlich unserem Anis. Gemahlen schmeckt er in fernöstlichen Gerichten und in Weihnachtsgebäck.

Vanille
Würzig-süßer Geschmack und feines Aroma, das sich nur in Hitze entwickelt. Gut für Desserts, süßes Gebäck, Eis und Dessertsoßen.

Wacholder
Beerenzapfen von harzig-bitterem, sehr würzigem Geschmack. Gut für Beizen, Marinaden, Wildgerichte, Kohl und Sauerkraut.

Zimt/Kassia
Zwei Sorten, die im Ganzen oder gemahlen angeboten werden. Kräftig würzig. Gut für Süßspeisen, Gebäck, kräftige Farcen.

Gewürze und Kräuter -

	Gemüse												Suppen							Fleisc				
	Bohnen	Erbsen	Karotten	Kohlrabi	Linsen	Pilze	Rosenkohl	Rotkraut	Sauerkraut	Spinat	Weißkraut	Wirsing	Erbsensuppe	Fischsuppe	Fleischbrühe	Gemüsesuppe	Hühnerbrühe	Kartoffelsuppe	Tomatensuppe	Gulasch	Hackfleisch	Kalbfleisch	Lammfleisch	Leber
Anis			■					■						●										
Basilikum		●			●						■		●			■		■	■	●		●		
Beifuß																		■						
Bohnenkraut	●							●			■	●	●					■						
Borretsch								●			■	■						■					●	
Curry						●								●	●	●	●	●	●	●	●	●	●	●
Dill	●													■					●					
Estragon			■											■	●		●	●		●		●		●
Fenchel														●										
Ingwer								■												●				
Kerbel										■				■	●	●	●	■	■	●	■	●		●
Knoblauch										■					■	■		■	■	■	●		■	
Koriander												■				■		■			■			
Kümmel									■		●	■						●		■			●	
Liebstöckel				■					■	■			■		■	■	●	■	■	●	■		●	
Lorbeer					■			■	■		■	■	■	■	■			■		■		■	■	
Majoran	●												■			●		■		●	●		●	■
Meerrettich																				●				
Muskat		●		■	●	●	●			■	●	●	●	■	■	■	■	■	■			●	●	
Nelke					■			■	■		■		●		■		■		■	■				
Paprika					●	●	●		●						●			●	●	■	■	●	●	●
Petersilie	●		■	■	●	■								■	■	■	■	■	■	●	■	■	●	●
Pfefferkorn	●	■		■	■	■	■	■	■	■			■	■	■		■	■	■	■	■	■	■	■
Pfefferminze		●	●										●						●			●	●	●
Piment				●	●			●	●	●	●	●									●			●
Pimpinelle													●		●	■		■	●	●	●			
Rosmarin														●		●		●	●	●	●	●	●	●
Salbei	●																	●			●	●	●	●
Schnittlauch										■			■	●	●	●	●	■	●					
Sellerie															■	■	■	■		●	●			
Senf																				●				
Thymian	■	●		●		●			■		●	●	●	●	●	●	●	●	●	●	●	●	●	●
Vanille																								
Wacholder								■	■		■													
Zimt								●																
Zitrone																				■		■	●	

Die mit ■ empfohlenen Gewürze können mit anderen gemischt werden

vas paßt wozu?

	Salat												Kartoffeln			Fisch						Geflügel/Wild						
Schweinefleisch	Grüner Salat	Gurkensalat	Karottensalat	Kartoffelsalat	Obstsalat	Rotkohlsalat	Rote-Rüben-S.	Selleriesalat	Spargelsalat	Tomatensalat	Weißkohlsalat	Wurstsalat	Béchamelkart.	Bratkartoffeln	Kartoffelklöße	Blaufelchen	Hecht	Hering, marin.	Karpfen	Schleie	Seefisch, gek.	Ente	Geflügelsalat	Huhn	Wild	Wildbeize	Wildgeflügel	Wildragout
					●																							
●	■			■		●				■	●	●								●	●			●				
●																						●		●	●			
	■	●		■								■									●							
	■	●	■	■								■																
●											●										●	●		●	●			
	■	■		■						●		●		●				■	●	●	■			●				
	■	●		■					●	■								■			●			●	●	●		
		●	●			●													●		●							
●					■	●																				■		
	■	●		■					●	■	■				●									■		■		
■	■									■		■											●	●	■	■		
						■	■				■				●										■	■		■
■							■				●			●														
													■															
■						■	■						■					■			■		■	■	■	■	■	■
●				●						●	●	●		●	■							●					●	●
			●			●	●					●					●		●	●	●					●		
							■		●		●		■	■	■													
●						■	■				■							■			■			●		■		■
●				●						●	●	●		●					●		●		●	●	●			●
■	■	■	■	■			■	■	■	■	■	■	■	■	■	■		■	■	■			■	■		●		■
■	■	■	■	■		■	■	■	■	■	■	■		■				■	■		■	■	■	■	■	■	■	■
	●		●		●	●																						
●						■						■	●	●	●			■			■			●	■	■	●	■
	■	●		■						●		●	●		●	●												
●										●					●						●			●		●		
●	●																●	●		●	●	●		●	●		●	●
	●	■	●	■			●	●		■		■		■														
	●			■		●	●					■												■		■		
●	■	■		■				■				■						●			●				■			●
●	●			●				●		●		●	●	●	■	●			●		●	●	●	●	■	■	■	■
					■																							
●							■											■			■	●			■	■	■	■
					●	●	●																			●		
	■	■	■	■	■	■	■	■	■	■	■	■				■	■	■			■	●	■	■		●	●	●

Die mit ● empfohlenen Gewürze sollen jeweils als Hauptgewürz verwendet werden

Alphabetisches Rezeptregister

A

Apfelkompott 124
Apfelkuchen mit Brombeeren 102
Apfelmus 124
Aprikosenauflauf* 94
Aprikosen in Sahnekaramel* 99
Aprikosenmus 124
Auberginen, türkische 111
Auberginen auf provinzalische Art* 67
Auberginen im Kräuterbett 67

B

Béchamelsoße, klassische 72
Beurre Noisette 73
Birnenauflauf 94
Blindhuhn, westfälisches 32
Blumenkohl-Gratin 80
Blumenkohlauflauf 81
Bohneneintopf 34
Brokkoli-Blumenkohl-Schüssel 70
Brokkoliflan 16
Brotauflauf mit Kirschen* 120
Bunter Fleischtopf 48
Buttersoße* 75

C

Champignons, gefüllte 18
Currycremesuppe mit Gemüse 29
Currysoße 75
Custard-Pudding 98

D

Dillbrot 106
Djuvec 77
Dorschfilet mit Tomaten und Käse 44

E

Edelfische in Gemüsesahne* 25
Eiercreme, pikante 22
Eier im Näpfchen 22
Eier in Limettensoße, pochierte 21
Eintopf, spanischer 33
Ente mit Apfelspalten 58
Erbsensoufflé 18
Erbsensoße, grüne 74

F

Filetspitzen mit Weinkartoffeln 53
Fisch-Zucchini-Röllchen 40
Fischfilet auf Paprikapüree 40
Fleischbällchen im Gemüsebett 54
Fleischtopf, bunter 48
Forelle, gefüllte 43
Frühlingssuppe 30

G

Gebackene Kartoffeln* 17
Geflügelbouillon mit Einlage 28
Geflügelleberpudding mit Soße 90
Gefüllte Champignons 18
Gefüllte Forelle 43
Gefülltes Schweinefilet 49
Gekräuterte Schalenkartoffeln 76
Gekräutertes Rinderfilet 50
Gemüsepfanne, scharfe 88
Gemüserisotto mit Käse 117
Gemüseschüssel, grüne 66
Gemüsetopf, italienischer 88
Gewürzgurken mit Bananen 102
Gratin mit Zucchini 86
Grießflammeri mit Orangensoße 94
Grießpudding mit Tomatensoße 91
Grüne Erbsensoße 74
Grüne Gemüseschüssel 66
Grüne Kartoffelsuppe 29
Grünkern-Gemüse-Auflauf 110
Grünkernsuppe 30
Grütze mit Vanillesoße, rote 98
Gurken-Lauch-Gemüse mit Mozzarella 68
Gurken mit Roquefortfüllung 15

H

Hackbällchen mit Auberginen 52
Hackfleisch-Gratin 82
Hackröllchen mit Rührei 21
Haferflockenauflauf mit Äpfeln 121
Hähnchen-Gratin 82
Hähnchenbrust mit Limettensoße 60
Hähnchenkeulen in Pfefferrahmsoße 59
Hähnchenkeulen mit Weinsoße 58
Hähnchenschlegel 60
Hammelfleischtopf mit grünen Bohnen 33
Hasenkeule in Sahnesoße 61
Heilbuttsteaks in Zitronensoße 41

I

Indisches Linsencurry 112
Italienische Käsesoße 72
Italienischer Gemüsetopf 88
Italienische Zwiebelsuppe 35

K

Kabeljau auf Ratatouille 45
Kabeljaufilet in Dill-Sahne-Soße 39
Kabeljau in Senfsoße 41
Kabeljau mit Pilzen 42
Kakicreme mit Rotweinbirnen 97
Kalbsbraten mit Gemüse 49
Kalbsfrikassee 54
Kalbshaxen in Orangensoße 50
Kalbsrouladen 53
Kaninchen Südtiroler Art 51
Karamelcreme 96
Kartoffel-Kräuter-Auflauf mit Käse* 85
Kartoffel-Kräuter-Gratin 87
Kartoffel-Lauch-Gemüse 68
Kartoffelauflauf mit Knoblauch 83
Kartoffeln, gebackene* 17
Kartoffeln mit Kräuterfüllung 115
Kartoffelsuppe, grüne 29
Käsekartoffeln mit Lauch 89
Käsekartoffeln mit Zwiebeln* 89
Käsekohlrabi mit Zwiebeln 89
Käsesoße, italienische 72
Kerbelsoße 74
Kichererbsengemüse 112
Klassische Béchamelsoße* 72
Kohlrabigemüse in Pfeffersahne 69
Krautwickel in Pfefferrahmsoße* 119
Kürbis-Lauch-Gemüse mit Mozzarella 68
Kürbisse auf provenzalische Art 67
Kürbisse im Kräuterbett 67

L

Lachs in Zitronensoße* 41
Lachsparfait 19
Lachssteaks auf Gemüsestreifen 38
Lammfleischtopf mit grünen Bohnen* 33
Lammkeule mit Mandelfüllung 55
Lauch-Kartoffel-Auflauf 80
Lauch-Kartoffelsuppe mit Krabben 32
Lauchauflauf 115
Leber-Gemüse-Spießchen 14
Linsencurry, indisches 112
Lothringer Specktorte 104

M

Madeirasoße* 75
Maispizza 105
Makrelen mit Knoblauchbutter 44
Mangoldrouladen mit Schafskäse* 84
Marinierter Schmorbraten 48
Mastochsenkeule 56
Möhren-Kohlrabi-Gemüse mit Mozzarella 68
Möhrenflan mit Koriander 16

N

Nektarinenmus 124

P

Paprika-Käse-Auflauf 86
Paprikagemüse 65
Paprika mit Hirsefüllung 64
Paprika mit Maisfüllung* 116
Paprika mit Tofufüllung 114
Paprikaschoten mit Roquefortfüllung 15
Paprikaschoten mit Rosinenreis 110
Paprikasoße 72
Pfirsichauflauf 94
Pfirsiche in Sahnekaramel 99
Pfirsichmus 124
Pfirsichtorte 103
Pikante Eiercreme 22
Pilze mit Schneckenfüllung 19
Pilzsoße 72
Pizza nach Margarita 104
Pochierte Eier in Limettensoße 21
Poularde mit Mangosoße 59
Provenzalische Sardellen 24
Provenzalische Tomatensoße* 74
Puddingsoufflé mit gedünsteten Birnen 95
Putenbrustpudding 90

R

Rahmspinat* mit Champignons 69
Rehkeule in Pfeffersoße 61
Reispudding mit Kirschen 120
Reispudding nach Art der Kaiserin 96
Riesenscampi im Kräutersud* 24
Rindefilet, geräuchertes 50
Rinderrouladen 55
Rindersteaks in Madeirasoße 56
Rindfleisch-Gemüse-Topf 34
Rindfleischtopf mit grünen Bohnen 33
Risotto Milanese* 77
Rosinenbrot 107
Rote Grütze mit Vanillesoße 98
Rotweinsoße 75

S

Sahnekartoffeln* 76
Sardellen, provenzalische 24
Sauce Béarnaise 73
Sauce Chantilly 73
Sauce Hollandaise 73
Sauerampfersoße* 77
Schafskäsepizza 105
Schalenkartoffeln, gekräuterte 76
Scharfe Gemüsepfanne 88
Schinken-Lauch-Röllchen 52
Schmorbraten, marinierter 48
Schmorgurken mit Grünkernschrot* 113
Schmorgurken mit Hirseschrot 113
Schmorgurken mit Weizenschrot 113
Schnee-Eier auf Knoblauchtoast* 23
Schollen auf Champignons 38
Schollenfiletröllchen 42
Schollenfilets auf Spinat 45
Schusterkarbonade mit Möhrengemüse 57
Schweinefilet, gefülltes 49
Seezungenfilet auf Gurkengemüse* 45
Seezungenröllchen auf Blattspinat 39
Sherryeier 23
Sommergemüseplatte 64
Spanischer Eintopf 33
Spargel in Kerbelsoße 70
Specktorte, Lothringer 104
Spinatrouladen mit Schafskäse 84
Spinatsoße 74

T

Toast mit Champignonragout 20
Tofutopf 118
Tomaten mit Champignonfüllung 114
Tomaten mit Ei-Kräuter-Füllung 20
Tomaten mit Ei-Schinken-Füllung 14
Tomatensoße, provenzalische* 74
Tomatensuppe 28
Tomatensuppe mit Schuß 31
Türkische Auberginen 111

V

Vollkornpizzas* 105

W

Weißkrautwickel in Pfefferrahmsoße 119
Westfälisches Blindhuhn 32
Wirsingrouladen mit Schafskäse 84

Z

Zucchini-Auflauf 83
Zucchini auf provenzalische Art 67
Zucchini im Kräuterbett 67
Zucchini in Tomatensoße 116
Zucchini mit Roquefortfüllung* 15
Zuckerschoten nach Hausfrauenart 71
Zwiebeln im Sherrysud 65
Zwiebelsuppe, italienische 35

* Rezepte mit Variationen

Rezepte dieses Buches

Snacks und kleine Vorspeisen

Brokkoliflan 16
Champignons, gefüllte 18
Edelfische in Gemüsesahne* 25
Eiercreme, pikante 22
Eier im Näpfchen 22
Eier in Limettensoße, pochierte 21
Erbsensoufflé 18
Gebackene Kartoffeln* 17
Gefüllte Champignons 18
Gurken mit Roquefortfüllung 15
Hackröllchen mit Rührei 21
Kartoffeln, gebackene* 17
Lachsparfait 19
Leber-Gemüse-Spießchen 14
Möhrenflan mit Koriander 16
Paprikaschoten mit Roquefortfüllung 15
Pikante Eiercreme 22
Pilze mit Schneckenfüllung 19
Pochierte Eier in Limettensoße 21
Provenzalische Sardellen 24
Riesenscampi im Kräutersud* 24
Sardellen, provenzalische 24
Schnee-Eier auf Knoblauchtoast* 23
Sherryeier 23
Toast mit Champignonragout 20
Tomaten mit Ei-Kräuter-Füllung 20
Tomaten mit Ei-Schinken-Füllung 14
Zucchini mit Roquefortfüllung* 15

Suppen und Eintöpfe

Blindhuhn, westfälisches 32
Bohneneintopf 34
Currycremesuppe mit Gemüse 29
Eintopf, spanischer 33
Frühlingssuppe 30
Geflügelbouillon mit Einlage 28
Grüne Kartoffelsuppe 29
Grünkernsuppe 30
Hammelfleischtopf mit grünen Bohnen 33
Italienische Zwiebelsuppe 35
Kartoffelsuppe, grüne 29
Lammfleischtopf mit grünen Bohnen* 33
Lauch-Kartoffelsuppe mit Krabben 32
Rindfleisch-Gemüse-Topf 34
Rindfleischtopf mit grünen Bohnen 33
Spanischer Eintopf 33
Tomatensuppe 28
Tomatensuppe mit Schuß 31
Westfälisches Blindhuhn 32
Zwiebelsuppe, italienische 35

Fischgerichte

Dorschfilet mit Tomaten und Käse 44
Fisch-Zucchini-Röllchen 40
Fischfilet auf Paprikapüree 40
Gefüllte Forelle 43
Heilbuttsteaks in Zitronensoße 41
Kabeljau auf Ratatouille 45
Kabeljaufilet in Dill-Sahne-Soße 39
Kabeljau in Senfsoße 41
Kabeljau mit Pilzen 42
Lachs in Zitronensoße* 41
Lachssteaks auf Gemüsestreifen 38
Makrelen mit Knoblauchbutter 44
Schollen auf Champignons 38
Schollenfiletröllchen 42
Schollenfilets auf Spinat 45
Seezungenfilet auf Gurkengemüse* 45
Seezungenröllchen auf Blattspinat 39

Fleisch, Geflügel und Wild

Bunter Fleischtopf 48
Ente mit Apfelspalten 58
Filetspitzen mit Weinkartoffeln 53
Fleischbällchen im Gemüsebett 54
Fleischtopf, bunter 48
Gefülltes Schweinefilet 49
Gekräutertes Rinderfilet 50
Hackbällchen mit Auberginen 52
Hähnchenbrust mit Limettensoße 60
Hähnchenkeulen in Pfefferrahmsoße 59
Hähnchenkeulen mit Weinsoße 58
Hähnchenschlegel 60
Hasenkeule in Sahnesoße 61
Kalbsbraten mit Gemüse 49
Kalbsfrikassee 54
Kalbshaxen in Orangensoße 50
Kalbsrouladen 53
Kaninchen Südtiroler Art 51
Lammkeule mit Mandelfüllung 55
Marinierter Schmorbraten 48
Mastochsenkeule 56
Poularde mit Mangosoße 59
Rehkeule in Pfeffersoße 61
Rinderfilet, gekräutertes 50
Rinderrouladen 55
Rindersteaks in Madeirasoße 56
Schinken-Lauch-Röllchen 52
Schmorbraten, marinierter 48
Schusterkarbonade mit Möhrengemüse 57
Schweinefilet, gefülltes 49

Gemüse und andere Beilagen

Auberginen auf provenzalische Art* 67
Auberginen im Kräuterbett 67
Béchamelsoße, klassische 72
Beurre Noisette 73
Brokkoli-Blumenkohl-Schüssel 70
Buttersoße* 75
Currysoße 75
Djuvec 77
Erbsensoße, grüne 74
Gekräuterte Schalenkartoffeln 76
Gemüseschüssel, grüne 66
Grüne Erbsensoße 74
Grüne Gemüseschüssel 66
Gurken-Lauch-Gemüse mit Mozzarella 68
Kartoffel-Lauch-Gemüse 68
Käsesoße, italienische 72
Kerbelsoße 74
Klassische Béchamelsoße* 72
Kohlrabigemüse in Pfeffersahne 69
Kürbis-Lauch-Gemüse mit Mozzarella 68
Kürbisse auf provenzalische Art 67
Kürbisse im Kräuterbett 67
Madeirasoße* 75
Möhren-Kohlrabi-Gemüse mit Mozzarella 68

Paprikagemüse 65
Paprika mit Hirsefüllung 64
Paprikasoße 72
Pilzsoße 72
Provenzalische Tomatensoße* 74
Rahmspinat mit Champignons 69
Risotto Milanese* 77
Rotweinsoße 75
Sahnekartoffeln* 76
Sauce Béarnaise 73
Sauce Chantilly 73
Sauce Hollandaise 73
Sauerampfersoße* 77
Schalenkartoffeln, gekräuterte 76
Sommergemüseplatte 64
Spargel in Kerbelsoße 70
Spinatsoße 74
Tomatensoße, provenzalische* 74
Zucchini auf provenzalische Art 67
Zucchini im Kräuterbett 67
Zuckerschoten nach Hausfrauenart 71
Zwiebeln im Sherrysud 65

Aufläufe und Gratins

Blumenkohl-Gratin 80
Blumenkohlauflauf 81
Geflügelleberpudding mit Soße 90
Gemüsepfanne, scharfe 88
Gemüsetopf, italienischer 88
Gratin mit Zucchini 86
Grießpudding mit Tomatensoße 91
Hackfleisch-Gratin 82
Hähnchen-Gratin 82
Italienischer Gemüsetopf 88
Kartoffel-Kräuter-Auflauf mit Käse* 85
Kartoffel-Kräuter-Gratin 87
Kartoffelauflauf mit Knoblauch 83
Käsekartoffeln mit Lauch 89
Käsekartoffeln mit Zwiebeln* 89
Käsekohlrabi mit Zwiebeln 89
Lauch-Kartoffel-Auflauf 80
Mangoldrouladen mit Schafskäse* 84
Paprika-Käse-Auflauf 86
Putenbrustpudding 90
Scharfe Gemüsepfanne 88
Spinatrouladen mit Schafskäse 84
Wirsingrouladen mit Schafskäse 84
Zucchini-Auflauf 83

Desserts

Apfelkompott 124
Apfelmus 124
Aprikosenauflauf* 94
Aprikosen in Sahnekaramel* 99
Aprikosenmus 124
Birnenauflauf 94
Custard-Pudding 98
Grießflammeri mit Orangensoße 94
Grütze mit Vanillesoße, rote 98
Kakicreme mit Rotweinbirnen 97
Karamelcreme 96
Nektarinenmus 124
Pfirsichauflauf 94
Pfirsiche in Sahnekaramel 99
Pfirsichmus 124
Puddingsoufflé mit gedünsteten Birnen 95
Reispudding nach Art der Kaiserin 96
Rote Grütze mit Vanillesoße 98

Süße und pikante Kuchen

Apfelkuchen mit Brombeeren 102
Dillbrot 106
Gewürzkuchen mit Bananen 102
Lothringer Specktorte 104
Maispizza 105
Pfirsichtorte 103
Pizza nach Margarita 104
Rosinenbrot 107
Schafskäsepizza 105
Specktorte, Lothringer 104
Vollkornpizzas* 105

Hauptgerichte mit Vollwertkost

Auberginen, türkische 111
Brotauflauf mit Kirschen* 120
Gemüserisotto mit Käse 117
Grünkern-Gemüse-Auflauf 110
Haferflockenauflauf mit Äpfeln 121
Indisches Linsencurry 112
Kartoffeln mit Kräuterfüllung 115
Kichererbsengemüse 112
Krautwickel in Pfefferrahmsoße* 119
Lauchauflauf 115
Linsencurry, indisches 112
Paprika mit Maisfüllung* 116
Paprika mit Tofufüllung 114
Paprikaschoten mit Rosinenreis 110
Reispudding mit Kirschen 120
Schmorgurken mit Grünkernschrot* 113
Schmorgurken mit Hirseschrot 113
Schmorgurken mit Weizenschrot 113
Tofutopf 118
Tomaten mit Champignonfüllung 114
Türkische Auberginen 111
Weißkrautwickel in Pfefferrahmsoße 119
Zucchini in Tomatensoße 116

* Rezepte mit Variationen

Bildquellen: Bifu: Seiten 14 (unten), 52 (oben), 96; Burda: Seite 113; C. B. T. Hollandgemüse: Seite 67; Dr. Muth PR: Seiten 21 (oben), 31, 34 (unten), 38 (unten); du darfst: Seite 88 (oben); Freundin: Seiten 41, 42 (unten), 45, 115 (oben); Illustrierte Bunte: Seite 34 (oben); Knorr/Maizena: Seiten 94 (unten), 100, 121; Lebensmittelunion: Seiten 52 (unten), 57, 71, 87; Meine Familie & ich: Seiten 15, 19, 29, 32 (unten), 39, 65, 82, 86 (unten), 110 (unten), 114, 115 (unten), 117, 120; Palmin: Seite 35; Siemens Microwelle: Seiten 16, 24 (oben), 42 (oben), 43, 50 (oben, 54, 60, 64 (unten), 84; Sirius Bildarchiv/Döbbelin: Seiten 32 (oben), 83 (unten), 89, 104; Wein aus Südtirol: Seiten 51, 53 (oben), 97

Redaktion und Rezepte: Veronika Müller; burda Kochstudio: Ernst Birsner; burda Fotostudio: Gerd Feierabend, Ulrich Glasemann; Styling: Yvonne Finck; Illustrationen: Gerlind Bruhn; Grafische Gestaltung: Ulrich Hagen
Projektleitung und Lektorat: Helga Burg
Satz: Reiff Druck, Offenburg
Druck: Mladinska knjiga, Ljubljana. Printed in Jugoslavia
ISBN 3-88978-036-9

Notizen

REZEPTE FÜR GESUNDHEITSBEWUSSTE GENIESSER

Vollwertkost ist gefragt. Hier gibt es die Rezepte: Über 300 Koch- und Backideen für gesunden Genuß. Jedes Rezept ist im burda-Kochstudio erprobt, damit Ihnen wirklich alles gelingt.

K 211 DM 18,50 öS 138,– Fr. 18,50

K 212 DM 18,90 öS 138,– Fr. 18,90

Diese und weitere Bücher erhalten Sie im Zeitschriften- und Buchhandel. Falls nicht vorrätig, bitte dort nachbestellen. Sie können auch direkt vom Verlag Aenne Burda, Abt. Hobby-Service, Postfach 1160, D-7600 Offenburg, beziehen. Lieferung erfolgt innerhalb von Deutschland gegen Rechnung und ins Ausland gegen Vorkasse. Portofrei ab zwei Büchern, sonst zzgl. Versandkosten DM 2,–. Über die Abt. Hobby-Service können Sie auch kostenlos das aktuelle Verlagsprogramm anfordern.

KALORIENTABELLE

Alle Nährwerte sind in Gramm berechnet

Fette, Öle

(jeweils 100 g, wenn nicht anders angegeben)

	kJ	**kcal**	E	F	KH	B
Butter (Süß- oder Sauerrahm)	3174	**752**	0,7	83,2	0,7	–
Butterschmalz	3785	**897**	0,3	99,5	–	–
Distelöl (Safloröl)	3762	**899**	–	99,9	–	–
Erdnußöl	3777	**895**	–	99,4	0,2	–
Gänseschmalz	3893	**930**	–	99,5	–	–
Kokosfett	3776	**894**	0,8	99,0	–	–
Kürbiskernöl	3781	**896**	–	99,5	–	–
Leinöl	3781	**896**	–	99,5	–	–
Maiskeimöl	3776	**899**	–	99,9	–	–
Margarine	3050	**722**	0,2	80,0	0,4	–
Olivenöl, 1 Eßl. = 12 g	452	**108**	–	9,8	–	–
Palmöl	3758	**898**	–	99,8	–	–
Sojaöl	3776	**899**	–	99,9	–	–
Sonnenblumenöl 1 Eßl. = 12 g	452	**108**	–	9,8	–	–
Traubenkernöl	3781	**896**	–	99,6	–	–
Walnußöl	3885	**925**	–	99,8	–	–
Weizenkeimöl	3781	**896**	–	99,6	–	–

Brühen

(jeweils ¼ Liter)

	kJ	**kcal**	E	F	KH	B
Brühe klar (Würfel)	62,7	**15**	0,5	1,0	1,0	–
Brühe klar (Instant)	63	**15**	1,5	1,2	1,0	–
Gemüsebrühe (Instant)	70	**20**	1,0	0,9	–	–
Gemüsebrühe (Würfel)	60	**15**	0,9	0,7	–	–

Eier

	kJ	**kcal**	E	F	KH	B
1 Hühnerei, Klasse 3 = 60 g	364	**87**	6,7	6,2	0,3	–
1 Eidotter, mittelgroß = 18 g	289	**69**	3,1	6,1	0,1	–
1 Eiklar, mittelgroß = 33 g	75	**18**	3,6	0,1	0,2	–

Milch, Milchprodukte

	kJ	**kcal**	E	F	KH	B
Milch:						
Buttermilch, ¼ l	377	**90**	8,9	1,4	10,1	–
Dickmilch, 100 g	264	**63**	3,3	3,5	4,0	–
Milch, 3,5% Fett, ¼ l	690	**165**	8,3	8,9	11,2	–
Milchprodukte:						
Crème fraîche, 30% Fett, 1 Eßl. = 15 g	234	**56**	0,3	6,0	0,4	–
Joghurt, 1,5% Fett, 1 Becher = 175 g	352	**84**	6,3	2,8	7,9	–
Joghurt, 3,5% Fett, 1 Becher = 175 g	498	**119**	6,8	6,6	7,1	–
Kefir, 100 g	264	**63**	3,3	3,5	4,0	–
Körniger Frischkäse i. D. 100 g	433	**102**	12,3	4,3	3,3	–
Molke, süß	101	**24**	0,8	0,2	4,7	–
Sahne, 30% Fett (Schlagsahne), ¼ l	3224	**770**	5,2	77,8	8,3	–
Saure Sahne, 10% Fett, 1 Eßl. = 15 g	71	**17**	0,3	1,8	0,4	–
Speisequark, mager, 100 g	291	**68**	13,5	0,3	4,0	–
Speisequark, 20% Fett i. Tr., 100 g	451	**106**	12,5	5,1	2,7	–
Speisequark, 40% Fett i. Tr. (Sahnequark), 100 g	665	**157**	12,0	12,1	3,3	–

Käse

(jeweils 100 g)

	kJ	**kcal**	E	F	KH	B
Appenzeller, 50% Fett i. Tr.	1674	**400**	27,8	31,2	–	–
Briekäse, 50% Fett i. Tr.	1444	**342**	22,6	27,9	–	–
Butterkäse, 50% Fett i. Tr.	1453	**344**	21,1	28,8	–	–
Camembert, 60% Fett i. Tr.	1596	**378**	17,9	34,0	–	–
Doppelrahmfrischkäse, 60% Fett i. Tr.	1395	**330**	11,3	31,5	–	–
Edamer Käse, 40% Fett i. Tr.	1333	**315**	26,1	23,4	–	–
Edelpilzkäse, 50% Fett i. Tr.	1493	**355**	21,1	29,8	–	–
Emmentaler Käse, 45% Fett i. Tr.	1622	**383**	28,7	29,7	–	–
Gorgonzola, 45% Fett i. Tr.	1515	**358**	19,4	31,2	–	–
Gouda, 45% Fett i. Tr.	1543	**365**	25,5	29,2	–	–
Greyerzer Käse, 45% Fett i. Tr.	1734	**410**	29,8	32,3	–	–
Harzer Käse (Korbkäse), unter 10% Fett i. Tr.	541	**127**	30,0	0,7	–	–